校勘學釋例

陳垣著作集

陳垣 撰

上海書店出版社

出版説明

陳垣（1880—1971），字援庵，又字圓庵，廣東新會人，中國傑出的歷史學家、宗教史學家、教育家。陳垣在元史、歷史文獻學、宗教史等領域皆有精深研究，留下了十幾種專著、百餘篇論文的豐富遺產。主要著述有《元西域人華化考》《校勘學釋例》《史諱舉例》《中國佛教史籍概論》及《通鑒胡注表微》等，另有《陳垣學術論文集》行世。陳垣與陳寅恪並稱爲"史學二陳"，二陳又與吕思勉、錢穆並稱爲"史學四大家"。

本次出版的"陳垣著作集"包括曾經在我社出版的三本小書：《校勘學釋例》《史諱舉例》和《中國佛教史籍概論》。《校勘學釋例》原名《元典章校勘釋例》，是陳垣在校勘《元典章》的基礎上，條列舊刻本致誤的類例而成的校勘學專著。該書從《元典章》沈刻入手，以元刻本對校，總結概括了校勘學中的一些普遍現象和校勘方法，堪稱校勘學上的名著。書前胡適爲該書所做的序言，對本書的學術意義、成就有充分的說明，也是校勘學上的重要文獻。《史諱舉例》是陳先生在避諱學方面的一部總結性的著作，言簡意賅，學術水準很高，同時亦不失爲一本較好的普及讀物。避諱學是研究中國歷史所不可缺少的知識，辛亥革命前，遇當代帝王或所尊者之名時，必須回避，但各朝所諱不同，避諱方法也不一致，因此史書上常有因避諱而改易文字的地方，甚至改變姓名、官名、地名、書名、年號等。該書篇幅雖小，卻以豐富的例證闡明避諱學知識，令人受益匪淺。《中國佛教史籍概論》是陳垣於抗戰時期成稿的一部有關佛教史籍目錄的研究性著作，開闢了目錄學研究的新園地。全書共六卷，所列六朝以來與我國歷史息息相關的佛教史籍三十五部。陳垣先生在此書的"緣起"中寫道："本論所及，大抵爲世人所常讀，考史所常用，及《四庫》所錄存而爲世所習見之書。"士人常讀，考史常用，是因爲"中國佛教史籍，恆與列朝史事有關，不參稽而旁考之，則每有窒礙難通之史跡"。陳垣先生要通過本書揭示佛教史籍中"與史學有關諸點"，爲考史開一"新園地"，此外，還要考辨以往書目中的一些錯漏，使"初學者於此略得讀佛教書之門徑"。

本次出版在原書基礎上改正若干誤字，如《校勘學釋例》第十一"仍雲不能肖其祖禰"，"雲"应为"云"。第四十二"元制，笞杖以七为度"，"笞杖"應爲"笞杖"。第四十《元典章》禮部二沈刻本"男子裏青巾婦女滯子抹俱要各各常穿裏戴"，元刻本作"男子裏青頭巾，婦女滯抹子，俱要各各常川裏戴"，"裏"疑爲"裹"，不過不排除原刻本如此，故仍之不改。《史諱舉例》第五十三王羲之之子王徽之誤为"徽子"，改"子"为"之"。《中國佛教史籍概論》中，《歷代三寶記》條中有"齊王者宇文秦"，"宇文秦"應爲"宇文泰"。《新譯華嚴經音義》條中《華嚴經》第二譯"唐武后證聖間實義難陀"，"實義難陀"應爲"實叉難陀"。這次再版，或有未及更正處，歡迎讀者方家批評指正。

上海書店出版社
二〇二三年二月

元典章校補釋例序[*]

陳援菴先生在這二十多年之中，搜集了幾種很可寶貴的《元典章》鈔本，民國十四年故宮發見了元刻本，他和他的門人曾在民國十九年夏天用元刻本對校沈家本刻本，後來又用諸本互校，前後費時半年多，校得沈刻本譌誤衍脫顛倒之處凡一萬二千餘條，寫成《元典章校補》六卷，又補闕文三卷、改訂表格一卷（民國二十年北京大學研究所國學門刊行）。《校補》刊成之後，援菴先生又從這一萬二千多條錯誤之中，挑出一千多條，各依其所以致誤之由，分別類例，寫成《元典章校補釋例》六卷。我和援菴先生做了幾年的鄰舍，得讀《釋例》最早，得益也最多。他知道我愛讀他的書，所以要我寫一篇《釋例》的序，我也因為他這部書是中國校勘學的一部最重要的方法論，所以也不敢推辭。

校勘之學起於文件傳寫的不易避免錯誤。文件越古，傳寫的次數越多，錯誤的機會也越多。校勘學的任務是要改正這些傳寫的錯誤，恢復一個文件的本來面目，或使他和原本相差最微。校勘學的工作有三個主要的成分，一是發見錯誤，二是改正，三是證明所改不誤。

發見錯誤有主觀的，有客觀的。我們讀一個文件，到不可解之處或可疑之處，因此認爲文字有錯誤，這是主觀的發見錯誤。因幾種本子的異同，而發見某種本子有錯誤，這是客觀的。主觀的疑難往往可以引起本子的搜索與比較，但讀者去作者的時代既遠，偶然的不解也許是由於後人不能理會作者的原意，而未必真由於傳本的錯誤。況且錯誤之處未必都可以引起疑難，若必待疑難而後發見錯誤，而後搜求善本，正誤的機會就太少了。況且傳寫的本子往往經通人整理過，若非重要經籍，往往經人憑己意增刪改削，成爲文從字順的本子了。不學的寫手的本子的錯誤是容易發見的，通人整理過的傳本的錯誤是不容易發見的。試舉一個例子爲證，坊間石印《聊齋文集》附有張元所作《柳泉蒲先生墓表》，其中記蒲松齡卒年八十六，這是卒年七十六之誤，有《山左詩鈔》所引墓表及原刻碑文可證。但我們若單讀卒年八十六之文而無善本可比較，決不能引起疑難，也決不能發見錯誤。又《山左詩鈔》引這篇墓表，字句多被刪節，如云：

> （先生）少與同邑李希梅及余從父歷友結郢中詩社。

此處無可引起疑難，但清末國學扶輪社鉛印本《聊齋文集》載墓表全文，此句乃作：

> 與同邑李希梅及余從伯父歷視友，旋結爲郢中詩社。甲本

依此文，"歷視"爲從父之名，"友"爲動詞，"旋"爲結之副詞，文理也可通。石印本《聊齋文集》即從扶輪社本出來，但此本的編校者熟知《聊齋志異》的掌故，知道張歷友是當時詩人，故石印本墓表此句改成下式：

> 與同邑李希梅及余從伯父歷友親，旋結爲郢中詩社。乙本

最近我得墓表的拓本，此句原文是：

> 與同邑李希梅及余從伯父歷友、視旋諸先生

結爲郢中詩社。丙本

視旋是張履慶，爲張歷友䔍慶之弟，其詩見《山左詩鈔》卷四十四。他的詩名不大，人多不知道視旋是他的表字，而"視旋"二字出于《周易·履卦》"視履考祥，其旋元吉"，很少人用這樣罕見的表字。甲本校者竟連張歷友也不認得，就妄倒"友視"二字而刪"諸先生"三字，是爲第一次的整理。乙本校者知識更高了，他認得張歷友而不認得視旋，所以他把"視友"二字倒回來，而妄改"視"爲"親"，用作動詞，是爲第二次的整理。此兩本文理都可通，雖少有疑難，都可用主觀的論斷來解決，倘我們終不得見此碑拓本，我們終不能發見甲乙兩本的真錯誤。這個小例子可以說明校勘學的性質。校勘的需要起于發見錯誤，而錯誤的發見必須倚靠不同本子的比較，古人稱此學爲校讎。劉向《別錄》説："一人讀書，校其上下得謬誤，爲校。一人持本，一人讀書，若怨家相對，爲讎。"其實單讀一個本子，校其上下，所得謬誤是很有限的，必須用不同的本子對勘，若怨家相對，一字不放過，然後可以得謬誤。

改正謬誤是最難的工作，主觀的改定，無論如何工巧，終不能完全服人之心。《大學》開端"在親民"，朱子改"親"為"新"，七百年來，雖有政府功令的主持，終不能塞反對者之口。校勘學所許可的改正，必須是在幾個不同的本子之中，選定一個最可靠或最有理的讀法，這是審查評判的工作。我所謂"最可靠"的讀法，當然是最古底本的讀法，如上文所引張元的聊齋墓表，乙本出於甲本，而甲本又出於丙本，丙本為原刻碑文，刻於作文之年，故最可靠。我所謂"最有理"的讀法，問題就不能這樣簡單了。原底本既不可得，或所得原底本仍有某種無心之誤（如韓非說的郢人寫書而多寫了"舉燭"二字，如今日報館編輯室每日收到的草稿），或所得本子都有傳寫之誤，或竟無別本可供校勘，在這種情形之下，改正謬誤沒有萬全的方法。約而言之，最好的方法是排比異同各本，考定其傳寫的先後，取其最古而又最近理的讀法，標明各種異讀，並揣測其所以致誤的原因。其次是無異本可互勘，或有別本而無法定其傳授的次第，不得已而假定一個校者認爲最近理的讀法，而標明原作某，一作某，今定作某是根據何種理由。如此校改，雖不能必定恢復原文，而保守傳本的真相以待後人的論定，也可以無大過了。

改定一個文件的文字，無論如何有理，必須在可能的範圍之內提出證實，凡未經證實的改讀，都只是假定而已，臆測而已。證實之法，最可靠的是根據最初底本，其次是最古傳本，其次是最古引用本文的書。萬一這三項都不可得，而本書自有義例可尋，前後互證往往也可以定其是非，這也可算是一種證實。此外雖有巧妙可喜的改讀，只是校者某人的改讀，足備一說而不足成爲定論。例如上文所舉張元墓表之兩處誤字的改正，有原刻碑文爲證，這是第一等的證實。又如道藏本《淮南內篇・原道訓》"是故鞭噬狗、策蹏馬而欲教之，雖伊尹、造父弗能化，欲寅之心亡於中則饑虎可尾，何況狗馬之類乎"，這里"欲寅"各本皆作"欲害"，王念孫校改爲"欲宍"。他因爲明劉績本注云"古肉字"，所以推知劉本原作"宍"字，只因草書"害"字與"宍"相似，世人多見害少見宊,故誤寫爲"害"。這是指出所以致誤之由,還算不得證實,他又舉二證:一、《吳越春秋·勾踐陰謀外傳》"斷竹續竹,飛土逐宊",今本"宊"作"害";二、《論衡·感虛》篇"厨門木象生肉足",今本《風俗通義》"肉"作"害","害"亦"宊"之誤。這都是類推的論證,因《論衡》與《吳越春秋》的"宊"誤作"害",可以類推《淮南》書也可以有同類的誤寫。類推之法,由彼例此,可以推知某種致誤的可能,而終不能斷定此誤必同于彼誤。直到顧廣圻校得宋本果作"欲宊",然後王念孫得一古本作證,他的改讀就更有力了。因爲我們終不能得最初底本,又因爲在義理上"欲害"之讀並不遜於"欲肉"之讀(《文子·道原》篇作"欲害之心忘乎中"),所以這種證實只是第二等的,不能得到十分之見。又如《淮南》同篇"上游於霄霏之野,下出於無垠之門",王念孫校"無垠"下有"鄂"字,他舉三證:一、《文選·西京賦》"前后無有垠鄂"的李善注:"《淮南子》曰:'出於無垠鄂之門。'許慎曰:'垠鄂,端崖也。'"二、《文選·七命》的李善注同。三、《太平御覽·地部二十》:"《淮南子》曰：'下出乎無垠鄂之門。'高誘曰：'無垠鄂，無形之貌也。'"這種證實，雖不得西漢底本，而可以證明許慎、高誘的底本如此讀，這就可算是第一等的證實了。

所以校勘之學無處不靠善本，必須有善本互校方才可知謬誤，必須依據善本方才可以改正謬誤，必須有古本的依據方才可以證實所改的是非。凡沒有古本的依據而僅僅推測某字與某字形似而誤，某字涉上下文而誤的，都是不科學的校勘。以上三步工夫，是中國與西洋校勘學者共同遵守的方法，運用有精有疏、有巧有拙，校勘學的方法終不能跳出這三步工作的範圍之外。援菴先生對我說，他這部書是用土法的。我對他說，在校勘學上，土法和海外新法並沒有多大的分別，所不同者，西洋印書術起於十五世紀，比中國晚了六七百年，所以西洋古書的古寫本保存的多，有古本可供校勘，是一長。歐洲名著往往譯成各國文字，古譯本也可供校勘，是二長。歐洲很早就有大學和圖書館，古本的保存比較容易，校書的人借用古本也比較容易，所以校勘之學比較普及，只算是治學的人一種不可少的工具，而不成爲一二傑出的人的專門事業，這是三長。在中國則刻印書流行以後，寫本多被拋棄了，四方鄰國偶有古本的流傳而無古書的古譯本，大學與公家藏書又都不發達，私家學者收藏有限，故工具不够用，所以一千年來，够得上科學的校勘學者不過兩三人而已。

中國校勘之學起原很早而發達很遲，《呂氏春秋》所記三豕涉河的故事，已具有校勘學的基本成分。劉向、劉歆父子校書能用政府所藏各種本互勘，就開校讎學的風氣。漢儒訓注古書，往往注明異讀，是一大進步。《經典釋文》廣收異本，徧舉各家異讀，可算是集古校勘學之大成。晚唐以後，刻印的書多了，古書有了定本，一般讀書人往往過信刻板書，校勘之學幾乎完全消滅了。十二世紀晚期，朱子斤斤爭論《程氏遺書》刻本的是非；十三世紀之初，周必大校刻《文苑英華》一千卷，在自序中痛論以印本易舊書是非相亂之失，又略論他校書的方法；彭叔夏作《文苑英華辨證》十卷，詳舉他們校讎的方法，清代校勘學者顧廣圻稱爲校讎之楷模。彭叔夏在《自序》中引周必大的話：

> 校書之法，實事是正，多聞闕疑。

他自己也說：

> 叔夏年十二三時，手鈔《太祖皇帝實錄》，其間云"興衰治□之源"，闕一字，意謂必是"治亂"。後得善本，乃作"治忽"。三折肱爲良醫，信知書不可以意輕改。

這都是最扼要的校勘方法論。所以我們可以說，十二三世紀之間是校勘學的復興時代。

但後世校書的人，多不能有周必大那樣一個退休宰相的勢力來徧求別本，也沒有他那種"實事是正，多聞闕疑"的精神，所以十三世紀以後，校勘學又衰歇了。直到十七世紀方以智、顧炎武諸人起來，方才有考訂古書的新風氣，三百年中校勘之學成爲考證學的一個重要工具。然而治此學者雖多，其中眞能有自覺的方法，把這門學問建築在一個穩固的基礎之上的，也不過寥寥幾個人而已。

縱觀中國古來的校勘學所以不如西洋，甚至於不如日本，其原因我已說過，都因爲刻書太早，古寫本保存太少，又因爲藏書不公開，又多經劫火，連古刻本都不容易保存。古本太缺乏了，科學的校勘學自不易發達。王念孫、段玉裁用他們過人的天才與功力，其最大成就只是一種推理的校勘學而已。推理之最精者往往也可以補版本的不足，但校讎的本義在於用本子互勘，離開本子的搜求而費精力於推敲，終不是校勘學的正軌。我們試看日本佛教徒所印的弘教書院的《大藏經》及近年的大正新修《大藏經》的校勘工作，就可以明白推理的校勘不過是校勘學的一個支流，其用力甚勤而所得終甚微細。

陳援菴先生校《元典章》的工作可以説是中國校勘學的第一偉大工作，也可以説是中國校勘學的第一次走上科學的路。前乎此者，只有周必大、彭叔夏的校勘《文苑英華》差可比儗。我要指出援菴先生的《元典章校補》及《釋例》有可以永久作校勘學的模範者三事：第一，他先搜求善本，最後得了元刻本，然後用元人的刻本來校元人的書。他拚得用極笨的死工夫，所以能有絕大的成績。第二，他先用最古刻本對校，標出了所有的異文，然後用諸本互校，廣求證據，定其是非，使我們得一個最好的最近於祖本的定本。第三，他先求得了古本的根據，然後推求今本所以致誤之由，作爲誤例四十二條，所以他的例都是已證實的通例，是校後歸納所得的説明，不是校前所假定的依據。此三事都足以前無古人而下開來者，故我分開詳説如下：

第一，援菴先生是依據同時代的刻本的校勘，所以是科學的校勘，而不是推理的校勘。沈刻《元典章》的底本乃是間接的傳鈔本，沈家本跋原鈔本説："此本紙色分新舊，舊者每半頁十五行，當是影鈔元刻本；新者每半頁十行，當是補鈔者，蓋別一本。"但他在跋尾又説："吾友董綬金赴日本，見是書，據稱從武林丁氏假鈔者。"若是從丁氏假鈔的，如何可説是影鈔元刻本呢？這樣一部大書，底本既是間接又間接的了，其中又往往有整幾十頁的闕文，校勘的工作必須從搜求古本入手。援菴先生在這許多年中，先後得見此書的各種本子，連沈刻共有六本。我依他的記載，參以沈家本原跋，作成此書底本源流表：

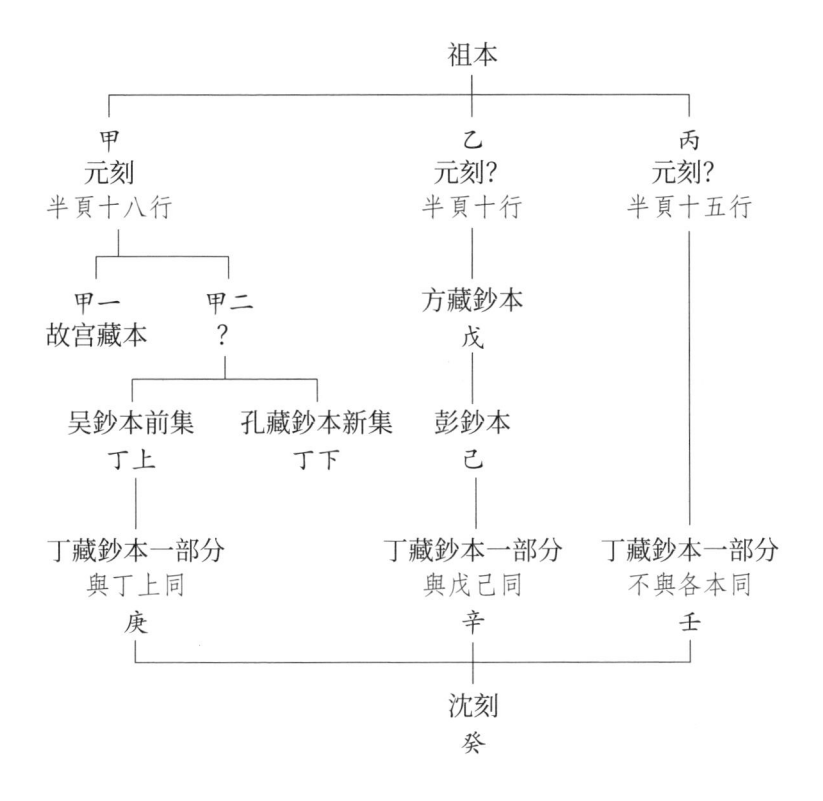

```
                              祖本
        ┌───────────────────────┼───────────────────────┐
        甲                       乙                       丙
       元刻                    元刻?                    元刻?
      半頁十八行                半頁十行                 半頁十五行
        │                       │                       │
   ┌────┴────┐               方藏鈔本                     │
   甲一      甲二                戊                       │
  故宮藏本    ?                  │                       │
   │         │                彭鈔本                     │
 吳鈔本前集  孔藏鈔本新集          己                       │
   丁上        丁下               │                       │
   │          │                  │                       │
丁藏鈔本一部分          丁藏鈔本一部分          丁藏鈔本一部分
  與丁上同              與戊己同               不與各本同
    庚                    辛                     壬
    └───────────────────────┼───────────────────────┘
                            沈刻
                             癸
```

援菴先生的《校補》，全用故宮元刻本甲一作根據，用孔本丁下補其所闕"祭祀門"，又用各本互校，以補這兩本的不足。因爲他用一個最初的元刻本來校一部元朝的書，所以能校得一萬二千條的錯誤，又能補得闕文一百零二頁之多。試用這樣偉大的成績，比較他二十年前，無他本可校時所確知爲譌誤者若干條，其成績的懸絶何止百倍。他在本書第四十三章裡，稱此

法爲"對校法",他很謙遜的説:

> 此法最簡便,最穩當,純屬機械法。其主旨在校異同,不校是非,故其短處在不負責任,雖祖本或別本有訛,亦照式錄之;而其長處則在不參己見,得此校本,可知祖本或別本之本來面目。故凡校一書,必須先用對校法,然後再用其他校法。

他又指出這個法子的兩大功用:

一、有非對校不知其誤者,以其表面上無誤可疑也。例如:

元關本錢二十定　　　元刻作"二千定"
大德三年三月　　　　元刻作"五月"

二、有知其誤,非對校無以知爲何誤者。例如:

每月五十五日　　　　元刻作"每五月十五日"

此外,這個對校法還有許多功用,如闕文、如錯簡、如倒葉、如不經見的人名地名或不經見的古字俗字,均非對校無從猜想,故用善本對校是校勘學的靈魂,是校勘學的唯一途徑。向來學者無力求善本,又往往不屑作此種機械的笨工作，所以校勘學至今不曾走上科學的軌道。援菴先生和他的幾位朋友費了八十日的苦工，從那機械的對校裡得着空前的大收穫，使人知道校書必須先用對校法，這是他奠定新校勘學的第一大功。

第二，他用無數最具體的例子來教我們一個校勘學的根本方法，就是先求得底本的異同，然後考定其是非。是非是異文的是非，沒有異文，那有是非？向來中國校勘學者，往往先舉改讀之文，次推想其致誤之由，最後始舉古本或古書引文爲證。這是不很忠實的記載，並且可以迷誤後學。其實真正校書的人往往是先見古書的異文，然後定其是非。他們偏要倒果爲因，先列己說，然後引古本異文爲證，好像是先有了巧妙的猜測而忽得古本作印證似的，所以初學的人看慣了這樣的推理，也就以爲校勘之事是應該先去猜想而後去求印證的了。所以我們可以說，古來許多校勘學者的著作，其最高者如王念孫、王引之的，也只是教人推理的法門而不是校書的正軌，其下焉者，只能引學者走上捨版本而空談校勘的迷途而已。校勘學的不發達，這種迷誤至少要負一部分的責任。援菴先生的《校補》完全不用這種方法，他只根據最古本正其誤、補其闕，其元刻誤沈刻不誤者一概不校，其有是非不易決定者姑仍其舊。他的目的在於恢復這書的元刻本來面目，而不在於炫示他的推理的精巧，至於如何定其是非，那是無從說起的。他的一部《釋例》，只是對我們說，要懂得元朝的書，必須多懂得元朝的特殊的制度、習俗、語言、文字。這就是說，要懂得一個時代的書，必須多懂得那個時代的制度、習俗、語言、文字，那是個人的學問知識的問題，不是校勘學本身的問題。校勘的工作只是嚴密的依據古本，充分的用我們所用的知識學問來決定那些偶有疑問的異文的是非，要使校定的新本子至少可以比得上原來的本子，甚至於比原來的刻本還更好一點，如此而已。援菴先生的工作，不但使我們得見《元典章》的元刻的本來面目，還參酌各本，用他的淵博的《元史》知識，使我們得着一部比元刻本更完好的《元典章》，這是新校勘學的第一大貢獻。

第三，援菴先生的四十二條例也是新校勘學的工具,而不是舊校勘學的校例。校勘學的例只是最普通的致誤之由,校書所以能有通例,是因爲文件的誤寫都由寫人的無心之誤或有心之誤。無心之誤起于感官(尤其是視官)的錯覺,有心之誤起于有意改善一個本子而學識不夠,就以不誤爲誤。這都是心理的現象,都可以有心理的普通解釋,所以往往可以歸納成一些普通致誤的原因,如形似而誤、涉上文而誤、兩字誤爲一字、一字誤分作兩字、誤收旁注文等等。彭叔夏作《文苑英華辨證》,已開校例之端。王念孫讀《淮南內篇》的第二十二卷,是他的自序,推其致誤之由,列舉普通誤例四十四條,又因誤而失韻之例十八條,逐條引《淮南子》的誤文作例子。後來俞樾作《古書疑義舉例》,其末三卷裡也有三十多條校勘的誤例,逐條引古書的誤文作例子。俞樾在校勘學上的成績本來不很高明,所以他的誤例頗有些是靠不住的,而他舉的例子也往往是很不可靠的。例如他的第一條兩字義同而衍例,就不成一條通例。因爲寫者偶收旁注同義之字因而誤衍,或者有之,而無故誤衍同義之字是很少見的。他舉的例子,如硬刪《周易·履》六三"跛能履不足以與行也"的"以"字,如硬刪《左傳》隱元年"有文在其手曰爲魯夫人"的"曰"字,如硬刪《老子》六十八章"是謂配天古之極"的"天"字,都毫無底本的根據,硬斷爲兩字義同而衍,都是臆改古書,不足爲校勘學的誤例。王念孫的六十多條誤例,比俞樾的高明多了。他先校正了《淮南子》九百餘條,然後從他們歸納出六十幾條通例,故大體上都還站得住。但王念孫的誤例分類太細碎,是一可議。《淮南》是古書,古本太少,王氏所校頗多推理的校勘而不全有古書引文的依據,是二可議。論字則草書、隸書、篆文雜用,論韻則所謂古韻部本不是嚴格的依據,是三可議。校勘的依據太薄弱了,歸納出來的誤例也就不能完全得人的信仰。

　　所謂誤例,不過是指出一些容易致誤的路子,可以幫助解釋某字何以譌成某字,而絕對不夠證明某字必須改作某字。前人校書,往往引一個同類的例子稱爲例證,是大錯誤。俞樾自序《古書疑義舉例》說:"使童蒙之子習知其例,有所據依,或亦讀書之一助乎。"這正是舊日校勘家的大病。例不是證,不夠用作據依,而淺人校書隨意改字，全無版本的根據，開口即是形似而誤、聲近而誤、涉上文而誤，好像這些通常誤例就可證實他們的臆改似的。中國校勘學所以不上軌道，多由於校勘學者不明例的性質，誤認一個個體的事例爲有普遍必然性的律例，所以他們不肯去搜求版本的真依據，而僅僅會濫用誤例的假依據。

援菴先生的《釋例》所以超越前人，約有四端：第一，他的校改是依據最古刻本的，誤是真誤，故他的誤例是已證實了的誤例。第二，他是用最古本校書而不是用誤例校書，他的誤例是用來疏釋已校改的謬誤的。第三，他明明白白的說他的校法只有四個，此外別無用何種誤例來校書的懶法子。第四，他明說這些誤例不過是用來指示一代語言特例並古籍竄亂通弊，他所舉的古書竄亂通弊不過那最普通的七條（十二至十八），而全書的絕大部分，自第十九例以下，全是元代語言特例，最可以提醒我們，使我們深刻的了解一代有一代的語言習慣，不可憑藉私見淺識來妄解或妄改古書。他這部書的教訓，依我看來，只是要我們明白校勘學的最可靠的依據全在最古的底本，凡版本不能完全解决的疑难，只有最渊博的史识可以帮助解决，书中论他校法一条所举"纳失失"及"竹忽"两例是最可以供我们玩味的。

我们庆贺援菴先生校补《元典章》的大工作的完成，因为我们承认他这件工作是土法校书的最大成功，也就是新的中国校勘学的最大成功。

胡适
廿三、十、八

* 本书原名《元典章校补释例》，乃陈垣先生在校勘《元典章》的基础上，条列旧刻致误的类例而成。胡适为本书所作的序言，对《释例》的学术意义、成就有充分的说明，亦是校勘学上的重要文献，今据"励耘书屋丛刻"所刊文本加以新式标点，繫于卷首，以便读者。

序

余以元本及諸本校補沈刻《元典章》，凡得謬誤一萬二千餘條，其間無心之誤半，有心之誤亦半，既爲札記六卷，闕文三卷，表格一卷，刊行於世矣。乃復籀其十之一以爲之例，而疏釋之，將以通於元代諸書，及其他諸史，非僅爲糾彈沈刻而作也。且沈刻之誤，不盡由於沈刻，其所據之本已如此，今統歸其誤於沈刻者，特假以立言耳。六百年來，此書傳本極少，四庫既以方言俗語故，擯而不錄，沈氏乃搜求遺逸，刊而傳之，其有功於是書爲何如！沈刻固是書之功臣，今之校補釋例，亦欲自附於沈刻之諍友而已，豈敢齮齕前人耶！昔高郵王氏之校墨子也，曰："是書以無校本而脫誤難讀，亦以無校本而古字未改，又有傳寫之譌，可以考見古字之借，古音之通，他書所未有也。"余於沈刻《元典章》亦云然。《元典章》爲考究元代政教風俗語言文字必不可少之書，而沈刻雕版之精，舛誤之多，從未經人整理，亦爲他書所未有。今幸發見元本，利用此以爲校勘學之資,可於此得一代語言特例,并古籍竄亂通弊,以較彭叔夏之文苑英華辨證,尚欲更進一層也。博雅君子,幸進而教之。

一九三一年七月新會陳垣

校勘學釋例目録

元典章校補釋例序……………………（胡適）1

序……………………………………………… 1

卷一　行款誤例……………………………… 1
 第一 有目無書有書無目例 ………… 1
 第二 條目誤爲子目例 ……………… 3
 第三 非目録誤爲目録例 …………… 4
 第四 誤連上文例 …………………… 5
 第五 錯簡例 ………………………… 7
 第六 闕文例 ………………………… 9
 第七 字體殘闕逕行删去例 ………… 11
 第八 空字誤連及不應空字例 ……… 13
 第九 正文誤爲小注小注誤
     爲正文例 ……………………… 16

第十　　　擡頭遺迹改革未盡例 ………… 18

　　第十一　　表格誤例 ………………………… 19

卷二　通常字句誤例 ……………………………… 21

　　第十二　　形近而誤例 ……………………… 21

　　第十三　　聲近而誤例 ……………………… 25

　　第十四　　因同字而脱字例 ………………… 27

　　第十五　　因重寫而衍字例 ………………… 30

　　第十六　　因誤字而衍字例 ………………… 33

　　第十七　　重文誤爲二字例 ………………… 38

　　第十八　　一字誤爲二字例 ………………… 39

　　第十九　　妄改三例 ………………………… 40

　　第二十　　妄添三例 ………………………… 48

　　第二十一　妄删三例 ………………………… 55

　　第二十二　妄乙三例 ………………………… 60

卷三　元代用字誤例 ……………………………… 65

　　第二十三　不諳元時簡筆字而誤例 ……… 65

　　第二十四　以爲簡筆回改而誤例 ………… 77

第二十五　不諳元時譯音用字而誤例 …… 83
第二十六　用後起字易元代字例 ………… 87
第二十七　元代用字與今不同例 ………… 91

卷四　元代用語誤例 …………………… 98

第二十八　不諳元時語法而誤例 ………… 98
第二十九　不諳元時用語而誤例 ………… 101
第三十　　因元時用語而誤例 …………… 114
第三十一　因校者常語而誤例 …………… 118
第三十二　用後代語改元代語例 ………… 123
第三十三　元代用語與今倒置例 ………… 126

卷五　元代名物誤例 …………………… 132

第三十四　不諳元時年代而誤例 ………… 132
第三十五　不諳元朝帝號廟號而誤例 …… 135
第三十六　不諳元時部族而誤例 ………… 136
第三十七　不諳元代地名而誤例 ………… 137
第三十八　不諳元代人名而誤例 ………… 142
第三十九　不諳元代官名而誤例 ………… 146

第四十	不諳元代物名而誤例	151
第四十一	不諳元代專名而誤例	155
第四十二	不諳元時體制而誤例	158

卷六 校例 ……………………………… 164

第四十三	校法四例	164
第四十四	元本誤字經沈刻改正者不校例	170
第四十五	元本借用字不校例	176
第四十六	元本通用字不校例	179
第四十七	通用字元本不用例	186
第四十八	從錯簡知沈刻所本不同例	190
第四十九	從年月日之增入疑沈刻別有所本例	191
第五十	一字之誤關係全書例	196

重印後記 ……………………………… 198

卷 一

行款誤例

第一　有目無書有書無目例

有目無書，有爲沈刻所獨闕者，可以他本補之；有爲元刻所本無者，則是編纂時未經纂入，具見校補札記，玆從略。

至於有書無目，則大抵由編纂時未將目錄加入，故沈刻目闕者元刻亦闕，唯新集禮部，各本有祭祀社稷體例門，汲古閣藏本<small>即故宮藏本</small>獨無之，疑有闕葉，非元刻本無也，蓋按目排訂，無目者自易漏訂矣。

<small>卷葉</small>

户五三二　　遠年賣田告稱卑幼收贖

户七廿二　　多支官錢體覆不實斷罰

刑十九七　　禁乞養過房販賣良民

刑十九廿四	遺火決斷通例	
新吏四	住罷封贈	
新吏廿三	劉萬户奔繼父喪	
新户三九	蟲蝗生發申報	
新禮六	祭祀社稷體例	
新刑二	奴兒干出軍　肇州屯種	
新刑五三	户計司相關詞訟	

又有書與目次第不同者，元刻本已如此，亦編纂時未經改正者也。

户一三	俸錢各條	與目次第不同。
户四二十	夫自嫁妻條後	與目次第不同，按年應以目爲正。
禮一十二	察司不須迎送接待條後	與目次第不同，按年應以書爲正。
禮五三	保申醫義條後	與目次第不同。
新兵十五	遞鋪門	目在工部造作門之後，應以書爲正。
新刑五一	諸姦門	目在諸盜門之前。

第二　條目誤爲子目例

　　元刻卷中標目，悉陰文低二格，與文平行，留二格爲擡頭之用，其子目則悉低三格，冠陰文一字於其上，而文則低四格，眉目極清晰也。沈刻不依元刻擡頭，卷中標目，悉改爲陰文頂格，文低一格，子目低二格，文低三格，眉目亦清晰也。惟吏部六、七、八等三卷，標目悉改爲陽文低二格，冠一字於其上，而文則低三格，與其他子目混淆不清，非以卷首目錄校之，不能知其孰爲條目，孰爲子目也。今略舉數條如下：

　　　　吏六一　　　一隨路歲貢儒吏
　　　　吏六三　　　一儒吏考試程式
　　　　吏六卅一　　一職官補充吏員
　　　　吏七一　　　一品從座次等第
　　　　吏七三　　　一圓座署事
　　　　吏八一　　　一品從行移等第
　　　　吏八二　　　一執政官外任不書名

　　右所舉，照沈刻本書格式，應悉改爲頂格陰文，删其冠首"一"字，方與其他各卷一律，而不致與子目混淆。然此誤實不始於沈刻，彭本、方本雖依元刻擡頭，此三卷條目上亦均冠以"一"字，由來遠矣。

第三　非目錄誤爲目錄例

元刻、沈刻，目錄標題均用陰文，所以醒目也。沈刻有非目錄而誤刻陰文者，有非目錄而誤爲目錄者。

兵二七　　御史臺咨　　四字元陽文，誤陰文。

兵二八　　見刑房巡捕例　元作"見刑部捕盜類"，小字陽文，今誤陰文大字。

刑十三八　行臺都御史鈞旨咨

八字元作"御史臺咨"四字，陽文，與前段平行，今誤陰文頂格，與其他目錄相混。

刑十六十五　司吏周崇仁狀招

七字元陽文，比前段低一格，今誤陰文頂格，與其他目錄相混。

第四　誤連上文例

凡鈔書不依原本行款，則遇原本分段處，容易誤連。惟元刻《元典章》標目悉用陰文，苟直接鈔自元刻，亦不至有誤連上文之弊。今沈刻誤連上文之弊甚多，有如下例：

吏四五　　求仕不許赴都

戶六七　　添工墨鈔

禮一四　　表章迴避字樣

兵一三九　札撒逃走軍官軍人

兵三三　　拯治站赤

兵三十六　脫脫禾孫盤問使臣

刑一三　　民官公罪許罰贖

刑二二　　依體例用杖子

刑三十二　誣告謀反者流

刑八三　　定擬給沒贓例

又《元典章》一目之下，輒分數段，倘一段末處適爲一行盡處，則更端之始，亦易誤連。幸此書悉案牘之文，每一更端，多冠年月，癥結所在，整理不難。

户一六	尚書省送據戶部呈
兵三十九	大德元年
兵三五二	又大德七年
刑八三	至大四年
刑十三廿三	延祐四年六月
刑十五四一	至大四年三月
刑十五四三	至大三年四月

又有兩條或兩段之間，中有脫文，遂至兩條混爲一條，非發見脫文，不易知其癥結所在。

户八七九	背一行"泉府司"下，脫三十字，遂將兩條併爲一條，而市舶則法二十三條，缺少一條矣。
户六十二	背一行"者麽道"下，脫簡二十行，遂將"虛燒昏鈔"一條之末二段，誤合上文爲一條矣。
户九廿一	背八行"申到"下，脫簡二十三行，遂將"江南申災限次"一條之後半，誤合上文爲一條矣。
禮一十四	三行"准擬"下有脫文，大德七年上

又脱"貢獻毋令迎接"一目，遂與前條併爲一條，而不可分矣。

又刑部卷內，法司擬定犯人罪名，元刻必另行，當時公牘格式本如此，所以便省閱也，今沈刻悉連之，亦不便。

刑四四　　姦夫李驢兒法司擬云云

　　　　　姦婦劉阿翟法司擬云云

刑四廿七　靳留住法司擬云云

　　　　　慈不揪法司擬云云

刑四廿八　戴引兒法司擬云云

　　　　　張驢兒法司擬云云

　　　　　　　元均另行。

第五　錯　簡　例

沈刻《元典章》錯簡之例有三：曰單錯，曰互錯，曰衍漏錯。

單錯者，本處有闕文，錯簡在他處是也。

吏四七　　五行"今後"下，漏二十三字，錯簡在八行"省送"下。

戶三二十	一行"立嗣"下，漏二十六字，錯簡在四行"前弊"下。
戶四四十	十一行"到招"下，漏二十七字，錯簡在背一行"招伏"下。
戶七一	十行"原發勘合"下，漏十字，錯簡在八行"勘合已到"下。
戶七三一	五行"追徵"下，漏十七字，錯簡在四行"追徵"下。

互錯者，本處有闕文，錯簡在他處，他處亦有闕文，錯簡在本處，所謂彼此互錯也。

吏七六	四行"公出疾病在假即日"八字，應在五行"長官"下，
	五行"掌判其行用印信"七字，應在四行"長官"下。
戶三七	五行"因而在外另籍或"七字，應在七行"漏籍人口"下，
	七行"各年軍籍內"五字，應在五行"附籍人口"下。

衍漏錯者，本處有闕文，而重出他處之文於此，

又衍又漏是也。

吏六廿八　　背十一行"按察司"下，漏"申該"等十五字，又將下文"史所有奏差合"六字，重出於此。

兵一四六　　背六行"欽奉聖旨"下，漏"禁治"等十八字，又將背七行"軍及"等十八字，重出於本行。彭本、方本均如此，知沈刻與二本實同出一源也。

第六　闕　文　例

沈刻《元典章》闕文甚多，其所闕最巨者，爲吏部卷三，闕倉庫官等六門，凡三十六葉，在方氏等半葉十行本則爲四十七葉，蓋所據本將此卷分裝二册，而闕鈔其下册也。

其餘所闕，則刑部卷內爲多，且每在一類之末一二條，似有意刊落，而非偶然脫漏者。

刑一二　　做罪過的不疎放一條

　　　　　　　　　在刑法類末。

刑二十六　　孕囚出禁分娩三條

　　　　　　　　　　在繫獄類末。

刑三十一　　鄭貴謀故殺姪一條
　　　　　　　　　　在不睦類末。

刑四四　　　船上圖財謀殺一條
　　　　　　　　　　在謀殺類末。

刑五七　　　無檢驗骨殖例一條
　　　　　　　　　　在檢驗類末。

刑六四　　　馮崇等剜壞池傑眼睛一條
　　　　　　　　　　在他物傷類末。

刑八卅一　　吏員贓滿一體追奪一條
　　　　　　　　　　在取受類末。

刑九八　　　接攬稅粮事理一條
　　　　　　　　　　在侵盜類末。

刑十二　　　知人欲告回錢一條
　　　　　　　　　　在回錢類末。

新刑七　　　巡尉司囚月申一條
　　　　　　　　　　在詳讞類末。

新刑五十　　針擦人眼均徵養贍鈔二條
　　　　　　　　　　在毀傷眼目類末。

新刑八四　　分揀流民一條　　在禁聚衆類末。

新刑九十　　禁借辦習儀物色一條

　　　　　　　　　　　在雜禁類末。

第七　字體殘闕逕行刪去例

鈔刻書籍，遇有殘闕字體，應爲保留，以待考補，不得將殘闕字句逕行抹去。今沈刻《元典章》目錄禮部門內，殘闕多條，尚留空位待補，是也。然亦有將殘闕字句，逕行刪去，不留空位者：

目錄三六　　望講經史　　　應作"朔望講經史例"。

　　　　　　儒學提舉司　　應作"立儒學提舉司"。

　　　　　　權兒休差發　　應作"橫枝兒休差發"。

　　　　　　食學校田地　　應作"種養學校田地"。

　　　　　　治學校　　　　應作"整治學校"。

　　　　　　舉程式條目　　應作"科舉程式條目"。

右六條，每條之上，皆殘闕一字，緣吳氏繡谷亭本即涵芬樓藏本此數葉紙有殘闕也。由此可知沈刻此卷實由繡谷亭本出，特未知是直接是間接耳。然所闕者目錄，本可用本書校補，即未及校補，亦應預留空位，今乃遂行删去，疏忽之誚，似不能辭。又書中標目，亦有似此殘闕，遂行抹去者。

  兵三五十 馳驛   "馳"上應有"枉道"二字。

  刑七十四 犯姦出舍 "犯"上應有"舍居女"三字。

  右目二條，因元刻上有殘闕，本可據卷首目錄校補，即未及校補，亦應預留空位，不應遂行抹去，致令人疑爲無闕也。

  户八十七 若遇客旅賫據詣造茶

          "造"上元有三字殘闕，據汲古閣藏本尚殘留"処"字，"処"上據繡谷亭本尚有"户"字，當是"茶户処"三字，由此可知繡谷亭所據元刻，較汲古閣藏本爲早印也。

  户八六三 提調官歸縣達魯花赤

　　　　　　　　　　"歸"上元有一字殘
　　　　　　　　　　闕，據汲古閣藏本尚
　　　　　　　　　　殘留"禾"字，當是
　　　　　　　　　　秭歸。

戶八八二　　據歸縣達魯花赤

　　　　　　　　　　"歸"上元有"秭"字。

戶八八一　　大字直書鹽不得犯界

　　　　　　　　　　"鹽"上元有一字殘
　　　　　　　　　　闕，據汲古閣藏本尚
　　　　　　　　　　殘留"厶"字，當是
　　　　　　　　　　私鹽。

刑七十八　　十二歲女兒　　"兒"上元有一字不明，
　　　　　　　　　　言十二歲女名某兒也。

刑十五三十　背十二行後，元刻殘闕一行，其次行
　　　　　　　尚留"處歸問斷者欽此"七字，沈刻
　　　　　　　並行删去。

第八　空字誤連及不應空字例

凡鈔刻書籍，字有未詳，則空一字以待校補；例

行文書，遇有不定名詞或數目，亦空一字以待填補，此恒例也。

  戶三十五 及見告　人名字稱說條是戶頭　人子姪兩"人"字上空位，元刻均作"厶"，即某字也。今不作"厶"而留空位，其義亦同。

  戶四十二 伊兄大嚇勒訖女一斤婚書

        "大"上元空一字，兄某大、女一斤，皆係人名，今遽將空位誤連，不復知爲人名矣。

  戶八八四 若數過陪者量爲減免定額

        "陪"上元空一字。陪與倍元時通用，"陪"上空一字，乃未定之詞，即數過若干倍也。今徑將空位誤連，失其義矣。

| 户八一〇三 | 據丘縣狀申 | "丘"上元作墨方，丘縣爲某丘，尚待證明。然其上既空一字，則必非東昌路之丘縣可知，今遽將空位誤連，易生誤會。 |

| 兵三四一 | 到於水站接各乘船前去 | "水站"上元空二字，當係地名待填，今逕刪去，義亦不明。 |

又有不應空字而空者，亦易令人誤會。

户六六	倒　鈔人等	"倒"下元不空。
禮五八	至甚繁　夥	"繁"下元不空。
兵三廿四	它　每自出劄子	"它"下元不空。
新綱目二	職官　犯姦	"官"下元不空。職官犯姦，係新集子目之一，今誤作空位，令人疑爲二目。沈跋數

新集子目有九十四者，亦分職官犯姦爲二事也。不應空而空，其弊與應空而不空等。

第九　正文誤爲小注小注誤爲正文例

正文誤爲小注，大抵因版已鋟成，發見脫漏，挖版補入，不得不改爲雙行，其例常有。

吏四十五　　首領官取招斷罪二行

元大字。

户八五十　　及批鑿關防二行

元大字。

户十四　　一半城子裏二行

元大字。

禮一五　　至元十五年二行

元大字。

然亦有不必雙行擠寫，而誤爲雙行者。

吏一廿二　　教習亦思替文字國子

"國子"二字，誤爲小

　　　　　　　　　　字雙行。

禮四十二　　漢人南人古賦詔誥章表内科一道

　　　　　　　　"古賦"以下元大字，

　　　　　　　　今亦誤爲小字。

至於小注譌爲正文，又較正文譌爲小注，令人不易察覺。

吏四四　　十行"見前例"三字

　　　　　　　　元小注。

吏八一　　背八行"正從同"三字

　　　　　　　　元小注。

　　　　　背十三行"七品司縣並申"

　　　　　　　　"並申"二字，元亦小注。

户十三五　　背八行"至大改元詔"五字

　　　　　　　　元小注。

禮一九　　背十一行"如閑官就本宅正厅"八字

　　　　　　　　元小注。

禮三一　　背四行"係今之下定也"六字

　　　　　背五行"人之大倫"以下三十七字

     背十二行"係今之下財也"六字

       元均小注。

兵一十　　背十三行"二十三款"四字

       元小注。

兵一三二　背十一行"全文見上"

      "全"字元亦小注。

兵三四　　背十一行"云云見前"四字

       元小注。

刑五七　　八行"至元"至"准呈"凡十四字

       元小注。

新吏二十　六行"皆見月爲理"五字

       元小注。

新禮三　　六行"云儒官服色全例"七字

       元小注。

今並譌爲大字，與正文無別。

第十　擡頭遺迹改革未盡例

元刻《元典章》擡頭極多，有平擡，有單擡，有雙擡，沈刻悉爲連綴，然亦偶有遺留，且因此而致誤者。

綱目一	"國家""聖旨"等字,仍另行擡頭。
目錄三四	"上位名字更改"一條,"上位"二字仍頂格,與類目平行。
新目一	"太皇太后尊稱詔"之上,元有"上"字在前行之末,謂上太皇太后尊稱也。今將"太皇太后"擡頭,而誤衍"上"字在次行之上。
新目一	"太皇太后尊號詔"之上,元有"加"字在前行之末,謂加太皇太后尊號也。今將"加"字誤衍在本行之下。
新目一	"詔書"之上,元有"阿撒等詭謀遭誅"七字在前行之末,謂阿撒等詭謀遭誅詔書也。今將"詔書"二字擡頭,而誤注"阿撒"等七字於本行之下。
戶一八	"完者禿□□皇帝時分",元無此□□而擡頭,今乃不擡頭而誤加空圍。

第十一 表格誤例

表格之用,最重位置,位置一亂,則失其效用。然位置之所以能不亂者，全在橫直線，橫直線一失，而欲位置不亂，難矣。夫翻刻有表格之古籍，必貴依其行款，行款照舊，表格可以不動。沈刻《元典章》不然，全書表格紊亂，橫直線或有或無，無從校正，其譌誤尤甚者，止可照元刻本改作而已。然此不能以咎沈刻，因沈刻並非鈔自元本，其所據之本，未知爲三傳四傳，傳世既遠，仍云不能肖其祖禰，宜也。表格之誤，不易以文字形容，試取下列之表，以改作者與沈刻原表一比勘，則知其相去之遠矣。

吏五三十	封贈表	闕橫線，排列錯亂。
吏八八	案牘表	闕橫直線，並多錯誤。
戶二一	分例表	闕橫線，其直線又多錯誤。
戶六一	鈔法表	闕橫直線。
兵三一	驛站表	闕橫直線，且錯亂。
刑三一	諸惡表	闕橫直線，且錯亂。

卷　二

通常字句誤例

第十二　形近而誤例

形近而誤，有易察覺者，有不易察覺者，其易察覺者，文義不通者也。

卷葉

目録六二	流戈聚衆	元作"流民"。
吏三廿八	擬堯嘉興路醫學教授	
		元作"擬充"。
吏五十三	不死之任作闕	元作"不能之任"。
戶三十九	先奉中書省劉付	
		元作"劄付"。
戶四十三	劉瑞哥懷朶	元作"懷孕"。
戶五三二	遠年責田	元作"賣田"。
戶六二	課銀每疋	元作"每定"。

户六十一　　好鈔妄作昏鈔　　元作"妄作昏鈔"。

兵三廿六　　差妻錄事孫徵事等

　　　　　　　　　　　　元作"差委錄事"。

新兵四　　　輒加築楚　　　元作"筓楚"。

其不易察覺者，文義似通非通者也。

吏三十九　　倘有不應罪及學官

　　　　　　　　　　　　元作"舉官"。

吏三廿一　　考成之士絶少　元作"老成"。

户三廿三　　張元俊妾稱已曾過房爲男

　　　　　　　　　　　　元作"妄稱"。

户六廿七　　不合窩藏蔡軟驢子地窨子内

　　　　　　　　　　　　元作"於地窨子内"。

　　　　　　　　　　　　先易"於"爲"于"，

　　　　　　　　　　　　又誤"于"爲"子"。

禮一九　　　率僚屬公吏皆樂送至城門外

　　　　　　　　　　　　"皆樂"元作"音樂"。

禮三十五　　亦有將寶鈔籍户斂葬

　　　　　　　　　　　　"籍户"元作"藉尸"。

禮三十七　　況舊停於家者　"舊停"元作"留停"。

| 刑三十七 | 正是南安贛州等處 |

　　　　　　　　元作"止是"。

| 刑十九三 | 將劫擄財物男女子收捕處 |

　　　　　　　　"子"元作"於",由"于"誤"子"。

| 新刑五 | 信賞在功無不服 |

　　　　　　　　元作"功無不報"。

| 新刑十五 | 盜官銀米出倉免刺 |

　　　　　　　　元作"盜官糧未出倉免刺"。

| 新刑八七 | 蔣文貴等於大德十年七月因與沈七將已挑僞鈔裝誣客人蒙杭州路總管蔣文貴杖斷八十七下 |

　　　　　　　　第二之"蔣"元作"將",涉上文而譌,上文有"蔣文貴",故下文之"將文貴",亦誤作"蔣文貴",被杖之囚,忽變爲杖人之

総管矣。

新刑八九　　就杭州路鑄銅器

元作"就杭州鎔鑄銅器","杭州路"三字習見,故"杭州鎔鑄銅器",誤爲"杭州路鑄銅器",文義似通非通,皆不易察覺其誤者也。

又有譌誤在二字以上,文義似通非通,雖知其誤,不易知爲何誤者。

禮二七　　比兵戎要受底人

元作"比丘戒要受底人"。

兵一二十　　據中書在逐　　元作"中書左丞"。

兵一四三　　至門官地　　元作"空閑官地"。

兵一四六　　及今於姪軀丁　　元作"及令子姪軀丁"。

新刑卅一　　數自致元囚人者

元作"敢有致死囚

人者"。

新刑六三　　湖廣道廉訪司申挪柱等處分司牒

　　　　　　　"挪柱"元作"桺桂"。

新刑八九　　又獲到下河係匿稅銅錢一十一篋包

　　　　　　　"下河係"元作"丁阿保"。

第十三　聲近而誤例

聲近而誤，有由於方音相似者，有由於希圖省筆者。

何謂方音相似？如"吏""例"、"記""繼"、"程""陳"、"點""典"諸字，以廣州音讀之，不相混也，今沈刻《元典章》多混之，知必與抄者之方音相似也。

目錄五二　　官例贓罰鈔　　　元作"官吏"。

戶四四七　　千戶王記祖　　　元作"王繼祖"。

刑五八　　　並記中統鈔數　　元作"並計中統鈔數"。

戶五三十　　陳應林　　　　　元作"程應林"。

戶六十二　　從實計典　　　　元作"計點"。

新吏廿五　　依著舊例計典　　元作"計點"。

戶七三三	其各物多收用錢	
		元作"其各務多收用錢"。
戶八四八	多省准擬	元作"都省"。
戶八五九	多省除已移咨江淮行省	
		元作"都省"。
刑二七	輒加拷掠嚴行	元作"嚴刑"。
刑二廿二	非理死損者嚴刑究治	
		元作"嚴行"。
刑四三七	閻喜生	元作"閻喜僧"。
刑十一四七	警跡人拘檢官防	
		元作"拘檢關防"。
刑十三廿一	近因搬喪還家	元作"奔喪"。
新禮四	公過京兆路學觀裏	
		元作"觀禮"。
新兵一	擬定局項事理	元作"逐項"。
新刑六十	江正四	元作"姜正四"。

何謂希圖省筆？廣州音"黃""王"不分，今沈刻《元典章》多誤"黃"爲"王"，但不見誤"王"爲"黃"，

則不過希圖省筆而已，蓋以爲更人姓名無關重輕也。

刑四十一	王雲二	元作"黃雲二"。
刑五十三	朱阿王	元作"朱阿黃"。
刑九十一	庫官王慶	元作"黃慶"。
刑十六廿六	王喜兒	元作"黃喜兒"。
刑十六三三	州判王文德	元作"黃文德"。
新刑六	王茂可	元作"黃茂可"。
新刑十六	糾合王耕一	元作"黃庚一"。
新刑四一	伊妻阿王	元作"阿黃"。
新刑八五	王鼎	元作"黃鼎"。

第十四　因同字而脫字例

鈔書脫漏，事所恆有，惟脫漏至數字或數十字者，其所脫之末一二字多與上文同，在沈刻《元典章》中此爲通例，因鈔書之人，目營手運，未必顧及上下文理，一時錯覺，即易將本行或次行同樣之字句，誤認爲已經鈔過，接續前鈔，遂至脫漏數字數行而不知。此等弊端，尤以用行款不同之鈔格者爲易犯。

其脫漏三數字者，其末字多與上文同：

朝綱一一　　"不題説的"下　脱"題説的"三字。

臺綱二廿二　"每遇照刷"下　脱"仍將前刷"四字。

吏二十五　　"立嫡長子"下　脱"若嫡長子"四字。

吏二廿一　　"晏只哥參政"下

　　　　　　　　　　　　　脱"敬參政"三字。

吏六六十　　"一行貼書"下　脱"貼書"二字。

兵一二　　　"行御史臺"下　脱"准御史臺"四字。

　　　　　　"交打算"下　　脱"不交打算"四字。

兵一三七　　"大小軍官"下　脱"首領官"三字。

兵一五三　　"萬户千户"下　脱"百户"二字。

新吏七　　　"欽此"下　　　脱"除此"二字。

其脱漏數十字以上者，其末一二字亦多與上文同：

吏六廿六　　五行"令史内"下

　　　　　　　　　　　　　脱二十字。末三字亦
　　　　　　　　　　　　　爲"令史内"。

吏六四九　　背六行"罪及"下

　　　　　　　　　　　　　脱二十二字。末二字
　　　　　　　　　　　　　亦爲"罪及"。

吏六六五　　一行"吏目"下

　　　　　　　　　　脱五十四字。末二字
　　　　　　　　　　亦爲"吏目"。

兵一十六　　二行"決杖"下

　　　　　　　　　　脱十八字。末二字亦
　　　　　　　　　　爲"決杖"。

兵一廿五　　背六行"聖旨"下

　　　　　　　　　　脱十九字。末二字亦
　　　　　　　　　　爲"聖旨"。

兵一五三　　背一行"軍人"下

　　　　　　　　　　脱二十四字。末二字
　　　　　　　　　　亦爲"軍人"。

刑十九四十　　十行"的人"下

　　　　　　　　　　脱七十八字。末二字
　　　　　　　　　　亦爲"的人"。

工二十三　　背二行"與也"下

　　　　　　　　　　脱七十四字。末二字
　　　　　　　　　　亦爲"與也"。

新兵三　　一行"安下"下

　　　　　　　　　　脱二十二字。末二字

　　　　　　　　　　　亦爲"安下"。

　　　　　背十一行"門官"下

　　　　　　　　　脱二十四字。末二字

　　　　　　　　　亦爲"門官"。

新刑四一　　十一行"送"下

　　　　　　　　　脱二十四字。末字亦

　　　　　　　　　爲"送"。

第十五　因重寫而衍字例

有以已抄爲未抄而誤衍者：

吏一三四　　燒鈔東東西庫　　衍一"東"字。

吏六五十　　申覆行行省　　衍一"行"字。

吏八五　　將所所關起馬聖旨

　　　　　　　　　衍一"所"字。

戶三八　　得訖良書良書　　衍"良書"二字。

戶七十七　　并應支不應支不應錢物

　　　　　　　　　末"不應"二字衍。

戶八六七　　一十瓶十瓶以上

　　　　　　　　　衍"十瓶"二字。

禮四₃	設立蒙古學校事會校事會檢到
	衍"校事會"三字。
兵一二₊	如今出來底也有不出來底也有不出來底多有
	衍"不出來底也有"六字。
兵一三₇	照依樞密院條畫禁的事理不得違犯仰樞密院條畫禁的事理不得違犯仰樞密院
	衍"條畫"至"樞密院"十四字。
兵三₃₃	背八行"頭不換"至"民戶裏",三十五字衍。
刑三₊二	要了五十定罪犯法司擬舊例失口亂言犯法司擬舊例失口亂言杖一百七下
	衍"犯法"至"亂言"十字。
新吏₄	本部呈先准中書省劄付本部呈先准中書省劄付

衍"本部"至"劄付"十字。

有錯看前後行字句而誤衍者：

吏一二十　　背三行"寧夏府營田大使"七字衍，因五行有此七字也。

禮六二　　　背九行"營求勾當侵漁"六字衍，因七行有此六字也。

兵一廿一　　九行"准中書省劄付"六字衍，因八行有此六字也。

兵一三七　　六行"起補轉致損"五字衍，因七行有此五字也。

衍字恒在兩行接續之間，有特應注意者：

兵一十　　　福建行省准樞樞密院咨

　　　　　　衍一"樞"字，適在背面第一行之頂。

兵一十四　　百户牌子頭頭處

　　　　　　元作"百户牌子頭一處"，衍一"頭"字，適在次行之頂。

刑七十一　　執謀丈人潘潘成姦要親女

> 衍一"潘"字，適在行頂。

刑九二　　收受十十七年稅糧

> 衍一"十"字，亦適在行頂。

第十六　因誤字而衍字例

有誤字既經點滅，後人不察，仍書録存，其誤字多在本字上：

吏四一　　任滿例隔革官員

> 元作"例革官員"。"革"誤爲"隔"，既點滅之，後人仍書爲"隔革"。

吏六四七　　其總管府責貢舉吏員

> "責"字衍。"貢"誤爲"責"，既點滅之，後人仍書爲"責貢"。

吏六五五	聽本處著耆老上戶人等	"著"字衍。"耆"誤爲"著",既點滅之,後人仍書爲"著耆"。
吏七七	遇有差務發	元作"差發"。"發"誤爲"務",既點滅之,後人仍書爲"差務發"。
戶三廿三	今官司檢點照戶册	元作"檢照戶册"。"照"誤爲"點",既點滅之,後人仍書爲"點照"。
戶四十一	偷錢在逃者皆由此而生	元以"在逃"爲句,"者"字衍,"皆"誤爲"者",既點滅之,復行書入。
戶七二	不全教交割呵	元作"不全交割呵"。

書"交"爲"教",以爲誤而黜之,後人遂並書爲"教交"。

禮一六　　　各路總管府屬萬户府

"屬"字衍。"萬"誤爲"屬",既改爲"萬",而"屬"字仍存。

禮四十五　　一舉人舉與考試官

次"舉"字衍,"與"誤爲"舉",既改爲"與",而誤字仍存。

兵三三十　　赴都閃關支鈔本

"閃"字衍。"關"誤爲"閃",既改爲"關",而"閃"字並存。

刑十三　　　一件有勾當的底人

元作"有勾當底人"。書"底"爲"的",以爲誤而黜之,後人遂并書爲"的底"。

刑十一㊉　　三月二十三日奉奏

　　　　　　　　　　"奉"字衍。"奏"誤爲"奉"，既改爲"奏"，而"奉"字並存。

有誤字校改於旁，後人不察，仍將誤字書入，其誤字每在本字下：

禮四㊂　　做無元體例勾當行呵

　　　　　　　　　　"元"字衍。"无"誤爲"元"，校者記"無"字於旁，後人遂並書爲"無元"。

禮五㊉　　其提舉學教授等官

　　　　　　　　　　"學"字衍。"舉"誤爲"學"，校者記"舉"字於旁，後人遂並書爲"舉學"。

有誤字不知爲誤，而疑爲脱，仍將誤字錄存，另加他字者，則又誤又衍矣。

| 吏三十八 | 歷一任者即陞教授

元作"歷一考即陞教授","考"誤爲"者",遂加"任"字。

| 吏三廿六 | 選揀堪中一名赴藥局

元作"赴學","學"字爲句。"學"誤爲"藥",遂加"局"而爲"藥局"。

| 户十四 | 如今收糧的斟酌比亡宋文思院收糧的斛

"斟"元作"斛",既誤爲"斟",遂加"酌"而爲"斟酌"。

| 户十一二 | 合得左右户絲數等物

元作"五户","五"誤爲"左",遂加"右"而爲"左右"。

| 刑七八 | 其在祖父母父母

元刻誤"祖"爲"在",

沈刻不知爲誤，而疑爲脱，既加"祖"字，而"在"字未除。

第十七　重文誤爲二字例

古書遇重文，多作二畫，元刻《元典章》重文多作兩點，沈刻既改爲工楷，故有兩點變成"二"字者：

聖政二三一　闊二反餘黨未發覺

　　　　　　　　　應作"闊闊反"。

吏三三　　　耶的哥二的替頭裏

　　　　　　　　　應作"耶的哥哥"。

吏五三二　　止於本等官上許進一階二滿者更不在封贈之限

　　　　　　　　　"二滿"應作"階滿"。

户二十六　　於捕盗司二吏内選差不便

　　　　　　　　　應作"捕盗司司吏"。

户五十四　　取到各二人等備細詞因

　　　　　　　　　應作"各各人等"。

兵一廿九　　蒙古軍軀怯薛夕闊二等申

　　　　　　　　　　應作"怯薛歹闊闊等"。

兵一三一　　叔二充闊端赤　　應作"叔叔充闊端赤"。

亦有誤兩點爲"之"字者：

戶三五　　　站戶之籍　　　　應作"站戶戶籍"。

元刻《元典章》重文有作"又"字者，元小字旁寫，沈刻改爲正寫，義遂不明。

吏五十六　　應合相沿交割之物一又交訖

　　　　　　　　　　應作"一一交訖"。

刑十一七　　三犯徒者流又而再犯者死

　　　　　　　　　　應作"流而再犯者死"。

第十八　一字誤爲二字例

《古書疑義舉例》有一字誤爲二字條，沈刻《元典章》亦有之：

吏七八　　　小事限七日中事十五日大事一二十日

　　　　　　　　　　元作"大事三十日"，"三"字誤爲"一二"也。

戶四一　　　凡婚書不得用鯗北語虛文

>　　　　　元作"彝語虚文"，
>　　　　　"彝"字誤爲"玆
>　　　　　北"也。

兵三十七　兀良一夕根底説者

>　　　　　元作"兀良歹根底説
>　　　　　者"，"歹"字誤爲
>　　　　　"一夕"也。

亦有二字誤爲一字者：

户九十三　向前有不交官畝巡行

>　　　　　元作"官人每巡行"，
>　　　　　"人每"二字誤合爲
>　　　　　"畝"字也。

刑三十六　准江西等處傴密院

>　　　　　元作"行樞密院"，
>　　　　　"行樞"二字誤合爲
>　　　　　"傴"字也。

第十九　妄改三例

一、不審全文意義而妄改，其所改必與上下文貼近之一二字文義相屬，合全句或全節讀之，則不可通矣。

聖政一十八　戰殁陣亡　　　元作"戰殁病亡"，改爲"陣亡"，則與"戰殁"義複。

聖政一廿二　縱令頭目損壞田禾

元作"縱令頭疋"，謂牲口也，改爲"頭目"，則人矣。

朝綱一一　城裏的百姓每季付著

元作"委付著"，"每"字屬上，言百姓們也，改爲"每季"，則失其義矣。

吏五三二　封贈祖父母並母

元作"封贈曾祖母祖母並母"，本言封贈婦人也，改爲封贈"祖父母"，則與全文意義不相應矣。

吏六九　　　生前被車碾死身亡

　　　　　　　　元作"碾傷身死",改爲"碾死",則"身亡"二字贅。

户六十六　　鈔料火酒損邊或下截

　　　　　　　　元作"料鈔火燒",改爲"火酒",其義何居！

工三三　　　至今不見吳舜輔繳納的本末鈔兩

　　　　　　　　元作"的本朱鈔",因"本"而改"末",因"鈔"而增"兩",妄也。

新刑四三　　揹勒官府吏胥要狀結

　　　　　　　　元作"揹勒官吏須要狀結",因"吏"而改"胥",因"官"而增"府",妄也。

都省通例四　告伊兄宋賢三次少錢鈔

> 元作"宋賢三欠少錢鈔","賢三"人名,因"三"而改"次",妄也。

都省通例五　有過犯充句容縣吏

> 元作"有過冒充",因"過"而改"犯",妄也。

二、以意義相仿之字而妄改,所改雖與元文意義不甚懸殊,然究非元字元語,亦不應爾。

"察"改爲"查"。"查"爲明以後所通行,元時用"查"者尚少:

吏三七　　交監察廉訪司查知呵

> 元作"察知"。

吏三卅二　從監察御史體查

> 元作"體察"。

戶六二　　常切糾查外　　元作"糾察"。

"賕"改爲"贓"。"贓"爲近代所通行,然元時用"賕"者尚衆:

43

户一四	枉被贜誣	元作"賕誣"。本葉凡三見
刑十三	但曾知會行贜	元作"行賕"。

"瘞"改爲"葬":

禮三十	官爲埋葬	元作"埋瘞"。本葉二見
禮三十四	依理埋葬	元作"依禮埋瘞"。
刑四廿三	暗行埋葬	元作"埋瘞"。

"斛"改爲"石":

刑九四	以致糧石不能盡實到官	
		元作"糧斛"。
刑九五	運糧船戶冒支糧石十石以上追徵糧石還官	
		元均作"糧斛"。
刑九六	失陷短少糧石	元作"糧斛"。

"棒"改爲"棍":

刑五十六	用木棍打死張林	
		元作"木棒"。
刑十一四十	手執雜木棍打傷事主。	
		元作"木棒"。本葉三見
	把執木棍在逃	元作"木棒"。

"姐"改爲"姊"，義同而語異矣：

户四七　　　李伴姊　　　　　元作"李伴姐"。本葉七見

户五三二　　與祖母及姊二人

　　　　　　　　　　　　　　元作"及姐"。

　　　　　　並姊二人　　　　元作"並姐"。

"斫"改爲"伐"，或改爲"砍"。"斫伐"、"砍斫"，元時常語，沈刻於"斫"字或作空圍，或改爲"伐"，或改爲"砍"，何也！

户八十五　　不得口伐　　　　元作"斫伐"。

户八廿五　　不得侵占口伐　　元作"斫伐"。

户九十四　　毋令百姓砍伐桑棗

　　　　　　　　　　　　　　元作"砍斫"。

刑三九　　　用砍柴刀將王柳仔砍傷

　　　　　　　　　　　　　　上"砍"字元作"斫"。

　　　　　　用砍柴刀將弟王柳仔砍傷

　　　　　　　　　　　　　　上"砍"字元作"斫"。

新刑八六　　挾讎砍伐伊叔程公佐柴山松木

　　　　　　　　　　　　　　元作"砍斫"。

45

"竈户"改爲"爐户"。爐、竈似同實異，冶金爲爐，煮鹽爲竈，混而一之，鹽、鐵無別矣：

新吏三六　　俱係煎鹽爐户　　元作"竈户"。本葉二見

新户十五　　窮暴爐户

新户三二　　蘆瀝場爐户

新户三六　　軍站民匠醫儒爐户

　　　　　　　　　　　　　元均作"竈户"。

其他意義同而言語異之妄改處不少，皆非校刊古籍者所宜出此也：

吏二廿五　　是否熟練弓馬　　元作"熟閑弓馬"。

吏六四七　　催徵穀粒　　　　元作"子粒"。

户三二　　　不拘是何投下諸色人等

　　　　　　　　　　　　　"不拘"元作"不以"。

刑十三廿六　暴露屍骸　　　　"屍骸"元作"骸骨"。

刑十九五二　元降式樣製造　　元作"元降樣製成造"。

新刑四四　　圍繞屍場　　　　元作"圍裹檢場"。

三、以聲同義異之字而妄改，在改者固以其所改之字與元文意義無異，而不知其所改實與元文不相合也。

"還"改爲"完"：

户七十五	隨即發完	元作"發還"。
	比及回完	元作"回還"。
户七廿二	依上追徵數足完官	
		元作"還官"。
刑十九八	並行完聚價不追完	
		元作"追還"。

"只"改爲"幾":

户八五二	若是幾兩定	"只兩定"。
	幾依著已了的聖旨	
		元作"只依著"。
户八六四	務官幾依舊額	元作"只依"。
户八六五	幾要鈔兩	元作"只要"。

"原"改爲"緣":

刑十五	亦合緣免	元作"原免"。
刑十六	自首者緣其罪	元作"原其罪"。
	首緣之條不廢	元作"首原"。
刑十八	緣其所犯之罪	"緣"元作"原"。
	准首緣免	元作"原免"。
刑十九	不在緣免之限	元作"原免"。

"禮"改爲"理"。禮、理古籍或通用，然非所論於元。

户四一	須要寫明聘財理物	元作"禮物"。
禮三三	甚非理制	元作"禮制"。
刑十五廿七	代夫出訟有違理法	元作"禮法"。

第二十　妄添三例

一、不顧上下文義，信筆添入者，大抵似是而非，反成附贅者也。

聖政二三一　其各處洗心革慮

　　　　　　"處"字妄添。

禮三廿三　遍行文字樣禁約了呵

　　　　　　"樣"字妄添。

吏五七　准本州知州關切切見省部云云

　　　　　　"關"爲當日文移格式之一，諸司相質問曰關，上"切"字妄添，下"切"字爲"竊"之省文。

刑十三十六　仍關照户部照會

　　　　　　　　上"照"字亦妄添，校者蓋不知"關"之爲用也。

吏八二　　職雖卑近並今故牒

　　　　　　　　"近"字妄添。

吏八十三　諸色户籍地畝若干照文册

　　　　　　　　"若"字妄添，"干照"爲當時常語。

户三九　　不問罪名輕罪重罪

　　　　　　　　元作"不問罪名輕重"。

户四十五　至元二十四年十月日内

　　　　　　大德元年正月日内

　　　　　　　　兩"日"字均妄添。

户八九九　折到降真象牙等項香貨官物

　　　　　　　　"項"字妄添。

禮四十二　御史試三月初七日

　　　　　　　　"史"字妄添。

刑十五七　設若不從公理斷合自下而上

"從"字"斷"字妄添，元以"公"字爲句，"理合"當時常語也。

新朝綱九　交百姓的每生受的緣故

上"的"字妄添，"百姓每"當時常語也。

新戶九　書填字樣號　"樣"字妄添，"字號"當時常語。

新兵十五　大憲司牒可照驗

"大"字妄添，"憲司"當時常語。

二、所添與元文意義不殊，而非當日元語者：

吏二三十　一百二十箇月本條七見

"箇"字妄添，元文所無也。

戶四一　此右式　款帖　五字妄添，元文所無也。

戶九三　或三四村五村併爲一社

"四"字妄添。

刑十一三四　蕭仁壽所招狀詞

　　　　　　　　　　"狀詞"二字妄添。

刑十二九　　朱華一招伏詞狀相同

　　　　　　　　　　"詞狀"二字妄添。

刑十四五　　合打一百零七下

　　　　　　　　　　"零"字妄添,《元典章》無此也。

刑十九二十　今後有私宰馬牛者犯人決杖一百下

　　　　　　　　　　"下"字妄添。元制,杖以七爲斷。凡稱杖一十七,至一百七者,皆曰一十七下,一百七下,若不言七,則不言下,故杖一十二十以至一百者,皆不言下也。今曰杖一百下,實非律文。

刑十九四十　至元鈔一百兩正

　　　　　　　　　　"正"字妄添。數目之

		末加一"正"字，近世通行，實非當時習慣。
刑十九四一	計十二種	四字妄添，元文所無也。
工一十	製造不依式樣	"樣"字妄添。
工二卅一	而今而後遇有禮任官員到來	兩"而"字妄添。

三、刑部卷內有一句添至三四字者，頗似經生之添字解經，有時或較元文意義顯明，然實不可爲訓，假令別有所本，亦當注明出處也。

刑十九四	召其親人認識領去完聚	元作"召親完聚"，四言成句，而六字妄添。
刑十九五	拿獲捉住取訖了招伏	元作"拿住取了招伏"，六言成句，而三字妄添。
刑十九八	此實爲古今之通論也	元作"古今通論也"，

> 五言成句，而四字妄添。

刑十九九　罪既欽遇聖詔釋免

> 元作"罪經釋免"，四言成句，而四字妄添。

刑十九十　罪既遇詔恩原免

> 元作"罪遇原免"，四言成句，而三字妄添。

刑十九十五　比年以來艱實鮮食者

> 元作"比年缺食"，四言成句，而五字妄添。

刑十九十八　如遇着必需用此皮貨

> 元作"如遇必用皮貨"，六言成句，而三字妄添。

刑十九二十　充賞鈔兩仍依條例

> 元作"賞錢依例"，四言成句，而四字妄添。

刑十九廿九　若便是依着舊例施行

　　　　　　　元作"若便依例施行",六言成句,而三字妄添。

刑十九三十　將各人依著舊定條例

　　　　　　　元作"將各人依例",五言成句,而四字妄添。

刑十九三一　其餘仰依舊定條例

　　　　　　　元作"餘依舊例",四言成句,而四字妄添。

工一一　　　每季一呈行省　元作"季一呈省",四言成句,而二字妄添。

工一九　　　皇帝御穿御用的

　　　　　　　元作"上位穿的",四言成句,而三字妄添。且"上位"之稱,係當時習慣,改曰"皇帝",有類釋文矣。

工二十一　　如今黃河渡司官要他做甚麼用

工三㈣　　那人若是有了罪過者

> 元作"那人有罪過者"，六言成句，而三字妄添。

第二十一　妄删三例

一、以爲衍文而妄删之者：

户八卅一　　仍督各處巡捕官嚴行巡禁

> "官"下元有"司"字。

户八七七　　一金銀銅鐵貨　　元作"金銀銅錢鐵貨"。

户八九九　　議擬到各罪名　　元作"各各罪名"。

户九十九　　秋暮農工閑慢時分布監督

> "分"上元更有"分"字。

戶十三五	又將磚石地土等物貨	
		"貨"下元有"賣"字。
禮三十	至無益	元作"至甚無益"。
禮三卅二	中書吏部奉中書省劄付	
		元作"中書吏禮部"。
禮四一	本路按察司兼提學校	
		元作"兼提舉學校"。
禮四二	龍興路提學校官	
		元作"提舉學校官"。
禮四三	移准江西等行省	
		元作"江西等處行省"。
禮六十二	宣慰廉訪司官人每	
		"慰"下元有"司"字。
禮六十七	前賢所撰述保舉事迹	
		"撰"下元有"著"字。
刑八十六	百戶祝脫木兒	元作"祝脫脫木兒"。

凡三見

二、以爲無關要義而妄删之者：

禮三一	據漢人舊例	元作"據漢兒人舊來

		體例"。
刑四十	追燒埋銀給主	"銀"下元有"五十兩"三字。
刑四三二	更徵燒埋銀兩於十月二十日聞奏過	"銀"下元有"五十"二字,"兩"下元有"給付苦主"四字,"於"下元有"至元八年"四字。
刑六三	法司擬杖八十	"擬"下元有"他物傷人"四字。
刑六三	法司擬徒二年	"擬"下元有"折跌支體"四字。
刑八十六	因患風濕病	"病"下元有"轉添啞中"四字。
刑八十八	具呈照詳送刑部議擬到下項事理	"部"下元有"酌古準今"四字。
刑八十九	大德七年三月	"月"下元有"十六

　　　　　　　　日"三字。

　刑八廿一　　至大四年十一月"月"下元有"初四
　　　　　　　　日"三字。

　三、以爲公牘例行字句而妄删之者。聖政、臺綱卷内之"肅政廉訪司",多删去"肅政"二字;刑部八、九卷内之聖旨,多删去"那般者麽道"五字。不知翻刻古籍,與編撰史籍不同,編撰史籍,貴有別裁,翻刻古籍,應存本色,況"那般麽道",元代方言,信筆塗删,語意全失矣。

　聖政一十九　　監察御史廉訪司

　聖政二十三　　從廉訪司糾彈

　聖政二廿七　　廉訪司詳加覆審

　臺綱一五　　　監察每廉訪司官人每

　臺綱二十一　　各道廉訪司　　"廉訪司"上,元均有
　　　　　　　　　　　　　　　"肅政"二字。

　臺綱二三　　　仰按察司究治　　"按察司"上,元有
　　　　　　　　　　　　　　　"提刑"二字。

　臺綱二四　　　仰依理施行　　　"仰"下元有"提刑按
　　　　　　　　　　　　　　　察司"五字。

刑一九　　　兩個根底商量了奏呵聖旨有來

　　　　　　　　　"了"下元有"奏那"二字，"呵"下元有"那般者麼道"五字。

刑八七　　　怎生奏呵聖旨了也

　　　　　　　　　"怎生"下元有"麼道"二字，"奏呵"下元有"那般者麼道"五字。

刑八八　　　怎生麼道奏呵聖旨了也

　　　　　　　　　"呵"下元有"那般者麼道"五字。

刑八九　　　又依前勾當裏行麼道

　　　　　　　　　"麼道"下元有"説呵"二字。

刑八十　　　麼道奏呵聖旨有來

　　　　　　　　　"呵"下元有"那般者麼道"五字。

刑九十一　　怎生奏呵聖旨了也

"怎生"下元有"麼道"二字，"呵"下元有"那般者問去者麼道"八字。

又有公牘末覆述之文，被刪去一大段者，均非翻刻古籍所應爾：

刑二七　　背十三行"都省"下，刪去六十二字。

刑三廿六　　背十行"議得"下，"合准"上，刪去八十八字。

新刑六一　　五行"叙用"下，"相應"上，刪去一百零六字。

第二十二　妄乙三例

一、不知古語而妄乙，失其意義者：

戶七八　　依添上答價值　元作"依上添答價值"，不諳"添答"方言，妄乙爲"添上"。

戶七十七　　周歲二年銷祇應

元作"二周歲年銷祇

		應",不諳"年銷"用語,妄乙爲"二年"。
戶七十八	今年後銷糧內	元作"今後年銷糧內",不諳"年銷"用語,妄乙爲"今年"。
戶八八三	路府州縣司	元作"司縣",不諳"路府州司縣"等第,妄乙爲"州縣"。
戶九十八	這聖旨宣諭這般了呵	元作"這般宣諭了呵"。
戶九二十	勸司農官吏	元作"勸農司官吏",不諳"勸農司"官制,妄乙爲"司農"。
新兵十一	整治赤站_{本葉二見}	元作"站赤",不諳"站赤"專名,妄乙爲"赤站"。

二、習見常語而妄乙,失其意義者:

臺綱二四　　所用飲食火油紙札

　　　　　　　　元作"油火"，因習見"火油"二字而妄乙之。

吏二十六　　親賫文解及祖父原受的宣勑

　　　　　　　　元作"父祖元受的宣勑"，"父祖"謂父與祖，妄乙爲"祖父"，則單指祖父矣。

吏五十九　　雖有過失起數

　　　　　　過失盜賊數多

　　　　　　開寫任內過失强竊盜賊

吏五二十　　遇有過失强竊盜賊三限不獲

　　　　　　　　元均作"失過"，"失過"與"過失"不同，"失過"動詞，"過失"名詞。

吏七九　　　首領官執覆不許從直申部

　　　　　　　　元作"首領官執覆不從，許直申部"，因習

見"不許"二字而妄乙之。

户八廿六　　場官知情賣貨者

元作"貨賣者",因習見"賣貨"二字而妄乙之。

户八一〇五　經由河汾岸東　元作"汾河",因習見"河汾"二字而妄乙之。

工二廿一　　如今大聖萬壽安寺裏

元作"大聖壽萬安寺",因習見"萬壽"二字而妄乙之。

三、所乙雖與元義不殊,然究非當日元文者:

户七三十　　已徵在典主手者

元作"主典"。

户八十五　　許諸人首告到官

元作"告首"。

刑三廿四　　用刀割去囊腎　元作"割囊去腎"。

工三七　　　如或理詞翻異　元作"詞理"。

新刑三四　　不即受理被劫情詞

　　　　　　　　　　　　元作"詞情"。

新刑四二　　變易元告情詞　元作"詞情"。

卷　三

元代用字誤例

第二十三　不諳元時簡筆字而誤例

王念孫校《淮南子》，有因俗書而誤一條，元刻《元典章》簡筆字最多，後來傳鈔者或改正，或仍舊，各本不同，惟沈刻則大率改正，間有不知爲簡筆而誤爲他字者。

一、"無"，元刻《元典章》多作"无"，故沈刻輒誤爲"元"：

<small>卷葉</small>

吏三九	元粘帶解由
吏六七	甘伏元詞
禮三十四	別元惡心
兵三三	元體例的
刑九十二	元棣縣主簿
刑十九四八	使元徒之類轉相傚傚

刑十九₄₉　　一等元圖小人

新刑₅　　　下路裏元治中　"元"均應作"无"。

无粘帶者，謂無侵欺粘帶不了事件，解由猶今公文，解由體式，見《典章·吏部五》給由類。官吏任滿，例得給予无粘帶解由，以便遷轉。无圖猶言無賴，亦作無徒，今誤作元，不知爲何語矣。

"元""原"二字，明以後通用。"无"既誤"元"，又改爲"原"，其失愈遠。

吏二₁₃　　　原粘帶解由

吏二₁₄　　　原解由

吏二₁₉　　　別原入流之例

吏四₅　　　　合原在家聽候

吏五₂₃　　　若原文案者似難追究

刑三₂　　　　原由搬取　　　"原"均應作"无"。

更有誤"无"爲"員"者，由"无"誤"元"，由"元"改"員"也。

吏二₁₃　　　委員相應人員　　本作"委无"。

又有誤"无"爲"尤"者：

户五₉　　　　尤得冒占　　　本作"无得"。

至於"撫州"簡寫爲"抚州",故沈刻輒誤爲"杭州",元撫州路屬江西行省,杭州路屬江浙行省,不應相混也。

吏八六　　　杭州等路木綿白布
兵一廿二　　杭州路民戶黎孟乙
新兵十五　　准江西廉訪司牒杭州路牒呈
新刑四六　　江西行省劄付近據杭州路申

　　　　　　　　　　"杭州"皆本作"撫州"。

亦有誤"撫"爲"抗"者:
吏五二十　　抗治百姓理斷詞訟

　　　　　　　　　　本作"撫治"。

二、"着",元刻《元典章》多作"首",故沈刻輒誤爲"省",又誤爲"自",又誤爲"看"。

聖政一五　　依省立廉訪司以來
臺綱二八　　依省初立按察司行來的聖旨體例裏行者
吏二九　　　依省在先聖旨體例
吏三十一　　依省他每說　　"依省"皆應作"依着"。

朝綱一二　　分省辦呵
臺綱二八　　體察省拿住呵
吏二廿一　　當更循省體例
吏二廿六　　閑喫省俸錢
户十一四　　將百姓每田地占省
禮四八　　　省屬孔夫子的田地
兵三五一　　據楊州路省落本官追陪訖

　　　　　　　　　　"省"皆應作"着"。

户一十二　　遇自種田的時月
户八五二　　交他每商量自改了者
禮三十一　　依自在先薛禪皇帝
禮四九　　　朔望祭祀自　　"自"亦皆應作"着"。
　　　　　　那底每根底養濟看

　　　　　　　　　　"看"亦應作"着"。

三、"體"，元刻《元典章》多作"体"，故沈刻輒誤爲"休"：

臺綱二十一　衆百姓的疾苦休知呵
臺綱二十四　休察勾當行者
吏七四　　　官吏聚會休例

户八四八　　則依那休例裏行

"休"均應作"體"。

有誤"體"爲"本"者：

户八五六　　官人每依本例察者

兵三五二　　他的没本例的奏將來

刑二二　　　依本例用杖子　"本"均應作"體"。

四、"舊"，元刻《元典章》多作"旧"，沈刻輒誤爲"田"：

户一十三　　新田官交代的時分

户五廿一　　照得田例二十三葉同

兵一十二　　依田各歸本奕

兵一廿四　　若與田管全奕軍人

"田"皆當作"舊"。

又一句之中，有"田"有"舊"，沈刻悉改爲"田"：

户一十二　　新田官遇着種田的時月交代了

上"田"字應作"舊"。

户一十二　　官員職田田例　下"田"字應作"舊"。

五、"廳"，元刻《元典章》多作"厅"，故沈刻輒誤爲"所"，或誤爲"行"、爲"斤"、爲"片"、爲

"作",校者蓋不知"厅"之爲"廳"也。

礼一一　　捲班就公所設宴而退

　　　　　迎引至于公所置位

礼一九　　及諸僚屬相見於所前

　　　　　如閑官就本宅正所

右所舉"所",皆本作"厅",校者以意臆改爲"所","公廳"、"公所",義似可通,然當時實稱"公廳",不稱"公所"也。

礼一九　　與所差官相見於行前

　　　　　　"行前"元作"厅前"。

礼三十八　准太常寺關送博士斤照擬得

　　　　　　"博士斤"元作"博士厅"。

户八八六　户部備主事片呈

　　　　　　"主事片"元作"主事厅"。

刑十五廿六　當片口告　　"當片"元作"當厅"。

吏六六　　當作勒令認過小注

　　　　　　"當作"元作"當厅"。

更有誤"廳"爲"鎖"者：

刑二七　　兼夜跪鎖　　　元作"兼夜跪厅"。

"厅"何至誤"鎖"？蓋先誤爲"所"，校者習聞私刑審訊有跪鎖之條，遂臆改爲鎖也。然跪鎖是否爲元時私刑所有，尚待考證。甚矣校書之不易也。

又"聽"之簡寫爲"听"，故"聽"亦有誤爲"所"者：

禮四一　　並所入學　　　元作"並听入學"。

兵三廿八　　所除人員　　　元作"听除人員"。

刑十五三六　別所委官推理　元作"別听"。

六、"闕"，元刻《元典章》多作"闈"，故沈刻輒誤爲"聞"：

吏二四　　省聞轉同　　　元作"有闕轉用"。

吏二三二　改設名聞照會之任

吏四一　　擬定可任名聞呈省定奪

　　　　　　　　　　"名聞"元均作"名闕"。

亦有誤"闕"爲"開"者：

吏六六三　已後有開合令各處選擇

　　　　　　　　　　　元作"有闕"。

刑十九九　　江淮百姓開食　元作"闕食"。

亦有誤"闕"爲"間"、爲"關"、爲"門"者：

吏二三十　　久占開名不行離役

　　　　　　　　　　　元作"闕名"。

兵三廿四　　在先與的牌子關少

　　　　　　　　　　　元作"闕少"。

刑五十六　　因爲門少柴薪燒火

　　　　　　　　　　　元作"闕少"。

更有誤"闕"爲"文"者，由"闦"誤"聞"，由"聞"改"文"，皆由不諳"闦"之爲"闕"故。

吏二十　　凡於總管官司不許有文

　　　　　　　　　　　元作"有闕"。

七、"虧"，元刻《元典章》多作"亐"，故沈刻輒誤爲"污"：

戶四十二　　蓋取永無污蔽不易之謂

　　　　　　　　　　　元作"亐蔽"。

戶七十五　　別無污官損民　元作"亐官"。

亦有誤"虧"爲"弓"者，校者蓋不料元刻"虧"

之作"亏"也。

新户十七　　如有沮壞弓兌

新户卄二　　兩浙鹽課目下弓兌

　　　　　　　　　　"弓兌"皆應作"虧
　　　　　　　　　　兌"。

八、"邊",元刻《元典章》多作"迲",沈刻或誤作"道",或作□,或作"遷",或作"途",校者蓋不識"迲"之爲"邊"也。

户八二　　　一隨處河道　　元作"河迲"。

户八十五　　一隨處河□　　元作"河迲"。

刑三五　　　注遷遠一任敍用

　　　　　　　　　　元作"迲遠"。

刑十九八　　按連途陲　　　元作"迲陲"。

九、"錢",元刻《元典章》多作"夭",沈刻或誤爲"久",或誤爲"名",或誤爲"劣",文義皆不可通,不敢謂校者不識"夭"字,校者蓋不料元刻竟用俗字也。

吏五卄五　　勒取久物　　　元作"夭物"。

刑五九　　　至大銀鈔與新舊銅名

　　　　　　　　　　元作"銅夭"。

刑八廿二　　其贓俱於受刃名下追徵

　　　　　　　　　元作"受壬"。

　　　　　侵使增餘額外刃數

　　　　　　　　　元作"壬數"。

户六四　　其工墨不正依舊例

　　　　　　　　　元作"其工墨壬止依舊例"。誤"壬"爲"不"，又改"止"爲"正"，一若"工墨不正"爲句也。

又有改"壬"爲"物"者，文義雖可通，校者究未知其本爲"壬"字也。

新刑七一　　未納贓物　　元作"贓壬"。

十、"願"，元刻《元典章》多作"亘"，沈刻輒誤爲"原"，或誤爲"厚"：

户四四三　　若委自原聽改爲妾

　　　　　　　　　元作"自亘"，"亘"即"願"之省。

户四四六　　捨不痛資財買不厚之樂

户五卅一　　若不原者限三日批退

　　　　　　　　　　元作"若不亘者"。

十一、"勸",元刻《元典章》多作"劝",沈刻輒誤爲"功",或誤爲"切":

吏一三九　　功農司　　　　元作"劝農司","劝"

　　　　　　　　　　　　　即"勸"之省。

户九八　　　一切教本社人民

　　　　　　　　　　元作"專一劝教本社

　　　　　　　　　　人民"。

新吏卅七　　庶可激功於將來

　　　　　　　　　　　元作"激劝"。

新户二十　　無以激功　　元作"激劝"。

其他簡筆誤字尚多,校《元典章》者不得不先研究元時簡字也。

聖政一十四　以勉力宣明爲職

　　　　　　　　　　　元作"勉励","励"

　　　　　　　　　　　即"勵"之省。

户八四五　　私鹽一十二撫　元作"十二挬","挬"

		即"擔"之省。
户八四六	見有男子挑撫私鹽	
		元作"挑挬私鹽"。
户九一	又不存留乂糧	元作"乂糧","乂"即"義"之省。
户十一	方許還我	元作"還耿","耿"即"職"之省。
兵三卄八	劄上官員	元作"礼上",由"札"誤"劄"。
新禮三	移准中書劄部關	
		元作"礼部"。
刑四十七	時常將伊弁逐打罵	元作"弃逐","弃"即"棄"禾之古文。
刑四卄五	收豪兼並之家	元作"杈豪","杈"即"權"之省。
刑四卄八	收令史不行送官	
		元作"杈令史"。
刑十六三	自合研究磨問	元作"研穷","穷"

即"窮"之省。

第二十四　以爲簡筆回改而誤例

元刻《元典章》既多簡筆字，有非簡筆沈刻誤爲簡筆而改之者，有他簡筆沈刻誤爲彼簡筆而改之者。

一、"休"改爲"體"，試一舉例，其數殊可驚也：

吏二廿九　　今後體那般折算

吏三八　　　軍官體差占

吏五二　　　做軍官來的體管民者做民官來的體管軍者

吏五五　　　如自願體閑者

戶六八　　　鈔本體擅支動

戶六廿三　　奉聖旨禁體行使

禮一七　　　體交吃肉者

兵三四　　　如今體交通政院管

兵三三五　　體送納來者

刑三三　　　體委付呵

新朝綱八　　不揀誰體入去者

右所舉"體"，元均作"休"，而悉誤爲"體"者，蓋以"体"爲"體"之簡筆，遇"体"即改，遇"休"亦改，不顧上下文義，而《元典章》遂爲難讀之書矣。

更有覺其不可通，而並改他字，或增加他字者：

戶九八　　按察司體例者　　元作"按察司休刷者"。

禮三十　　體例宰殺者　　元作"休宰殺者"。

"休刷"、"休宰殺"，本不難明，改爲"體例"，其義云何！

二、"元"改爲"無"，例亦不少，以"元"爲"无"，回改爲"無"也：

吏三廿九　　無設都目人吏管勾

吏五七　　至元八年無定職官之任

吏六三　　追獲無盜贓驗小注

吏六八　　委是本家無迯馳奴

吏六八　　某處無被傷損

刑三廿五　　將女子丑哥無穿衣服脫去

新戶四三　　驗無價收贖將地歸還元主

新刑五　　須具無問並平反各各緣由

　　　　　　"無"皆本作"元"。

刑四十四　　無情縫補襑襠　　"無情"本作"元倩"。

又有"九"改爲"無"者，誤"九"爲"无"，而回改爲"無"也：

新吏三六　　舊例無十个月考滿

　　　　　　　　　　"無十"本作"九十"。

三、"札"改爲"禮"。"禮"，元刻《元典章》多作"礼"，沈刻悉回改爲"禮"，"札"形與"礼"近，故沈刻或並改爲"禮"也。

户四十七　　禮付本路照驗　　元作"札付"。

工二十四　　據省委官禮法等呈

　　　　　　　　　　元作"札法"。札法人名

户八六三　　大德四年九月奉省禮

　　　　　　　　　　元作"省札"。

兵三二　　元奉省禮　　元作"省札"。

又有誤"剳"爲"禮"者，"剳""札"二字，《元典章》通用，先寫"剳"爲"札"，遂改"札"爲"禮"也。

新禮三　　各役雖微俱受省禮

　　　　　　　　　　元作"省剳"。

四、"省"改爲"著"。誤以"省"爲"著"之簡筆，而回改爲"著"也。

吏四十　　　著部議得　　　元作"省部"。

户八五三　　河南著官人每　元作"河南省"。

新刑七四　　恁著官人每　　應作"您省官人每"。

又有改"省"爲"著"後，覺其文義不可通，而並改他文以就之者：

兵三四四　　其在甘肅四川依著例應付脚力

　　　　　　　　　　　　　元作"四川省依例應付脚力"，"省"誤爲"著"，義不可通，乃改爲"四川依著例"，校者似未知"省""著"二字常常互誤也。

五、"田"改爲"舊"。誤以"田"爲"舊"之簡筆，而回改爲"舊"也。

户五三三　　歸還舊主　　　元作"田主"。

　　　　　　勸諭舊主　　　元作"田主"。

户八四一　　發付邊遠屯舊　　元作"屯田"。

六、"處""據""外""逃"四字互誤。因四字簡筆形相似，故輒誤改也。

聖政二三十　　如今外據行省所轄路分裏

元作"外处"。

吏六三四　　處各道廉訪司　　元作"扯各道"。

吏八十三　　然後給處發遣　　元作"給扯"。

兵一四三　　除柴米衣裝依時支給逃

元作"支給外"。

刑十二四　　處驅王再興　　元作"逃驅"。

其他非簡筆誤認爲簡筆而改之者：

户六十二　　並行取擡論罪　　元作"取招"，誤"招"爲"抬"，遂改爲"擡"。

户七四　　若依行省聽擬　　元作"所擬"，誤"所"爲"听"，遂改爲"聽"。

户九七　　申覆上司窮治　　元作"究治"，誤認爲"穷"，遂改爲"窮"。

兵二五	弓手節級讎再立狀呈	元作"仇再立",是姓非簡筆。
兵三廿九	遠方病故官屬回還脚邊	元作"脚力",誤"力"爲"边"。
刑二七	背瘠項壥	元作"背脊項塣"。塣,徒念切,支也。"鹽"省爲"盐",遂改"塣"爲"壥"。
刑三五	繼母黨氏	元作"党氏",本非簡筆。
户五十五	伴哥母阿於	元作"阿于",是姓非簡筆。
刑七十五	刁姦路貴妻於都聲	元作"于都聲",亦非簡筆。
新刑四七	佃户程萬二	元作"程方二",誤"方"爲"万",遂改

爲"萬"。

又有以他簡筆誤爲彼簡筆而改之者：

户七六　　六勺二抄二權二圭

　　　　　　　元作"二扠二圭"。

　　　　八合八抄五權五圭

　　　　　　　元作"八勺八抄五扠
　　　　　　　五圭"，"扠"爲"撮"
　　　　　　　之省，誤認爲"杈"，
　　　　　　　遂改爲"權"也。

第二十五　不諳元時譯音用字而誤例

一、"歹"字，蒙古語命名尾音多有"歹"字，人名、部族名、宮衛名皆然，或作"䚟"，或作"帶"，或作"台"，無定字，惟沈刻《元典章》多誤作"夕"。

吏六四二　　除將江忙兀夕

兵一廿五　　蒙古都萬户囊家夕

兵一廿七　　千户塔不夕呈

　　　　　　根隨忙古夕迤南出軍去

兵一廿九　　怯薛夕斷事官

刑十五三一　不憐吉夕等　　"夕"均當作"歹"。

亦有誤"歹"作"久"者：

吏二二十　　監察御史乃蠻久承事等

吏三三　　　和林塔二兒久等處

　　　　　　　　　　　"久"均當作"歹"。

又有誤"歹"爲"反"爲"了"者：

吏七三　　　鎮江路總管府忙各反

　　　　　　　　　　　元作"忙古歹"。

戶八六五　　心舍了兒説　元作"心舍歹兒"。

又有漏去"歹"字者：

兵一三　　　不憐吉那的每　元作"不憐吉歹那的每"。

又有誤"歹"爲"一"者：

禮四一　　　於隨朝百官怯薛一蒙古漢兒官員

　　　　　　　　　　　本作"怯薛歹"。

更有誤"歹"爲"留"者，則涉上文而誤，上文有"留狀元"，是亡宋狀元留夢炎，而囊加歹則蒙古人也。

戶八七二　　去年賽因囊加留狀元等題説

　　　　　　　　　　　本作"囊加歹"。

二、"斡"字，如"斡脱"、"斡端"、"斡耳朵"之類，沈刻多誤爲"幹"。

户六五	營運幹脱公私錢債
兵二三	達達畏吾兒回回幹脱
兵二四	做買賣去的幹脱每_{此條凡二見}

　　　　　　　　"幹脱"皆應作"斡脱"。

吏三三	幹端別十八里
兵一廿五	幹端等遠處出軍

　　　　　　　　"幹端"皆應作"斡端"，謂和闐也。

聖政一一	就皇太子幹耳朵裏	
禮一八	幹耳朵裏奏准	"幹耳朵"皆應作"斡耳朵"，《元史》太宗紀作"斡魯朵"，元秘史三作"斡兒朵"，謂行宮也。

三、"赤""亦""木""朮"等字，沈刻多互誤。有"赤"誤爲"亦"者：

兵一四九　　樞密院通事阿八亦狀招

　　　　　　　　　　　元作"阿八赤"。

有"亦"誤爲"赤"者：

吏二三四　　玉速赤不花　　元作"玉速亦不花"。

新刑六二　　赤剌馬丹等　　元作"亦剌馬丹"。

有"朮"誤爲"木"者：

戶十三二　　木烈大王位下　元作"朮烈大王"。

新兵六　　　商議院事的千奴散木歹

　　　　　　　　　　　元作"散朮歹"。

有"木"誤爲"本"者：

刑八十一　　本剌忽　　　　元作"木剌忽"。

四、"拔都"爲蒙古勇士之稱，猶清人之"巴圖魯"，《元史》習見之，沈刻亦有誤者，且有同在一葉，而所誤不同者：

兵一十二　　合必赤投都軍人

　　　　　　　　　　　"投"應作"拔"。

　　　　　　如遇出軍必用合必赤紱都兒

　　　　　　　　　　　"紱"亦應作"拔"。

新兵七　　　大都有的高扳都兒

"扏"亦當作"拔"。

又有"拔"字不誤，而"都"字誤爲"多"者：

兵一三十　　阿朮魯拔多男刦都兒

> 元作"拔都男怯都兒"，"都""多"音雖近，然元本實用"都"，不應誤作"多"也。

第二十六　用後起字易元代字例

翻刻古籍，與翻譯古籍不同，非不得已不以後起字易前代字，所以存其真也。沈刻《元典章》昧乎此，故明明元代公牘，而有元以後所造字羼入焉。

最著之例爲"賠"字。"賠"字後起，元時賠償之"賠"，均假作"陪"，或作"倍"，沈刻以爲誤，輒改爲"賠"。

戶八三　　當處官司賠償

戶八六　　定勒判署官吏賠償治罪

戶八九六　　亦已着落務官追賠到官

刑五九　　無財可賠此條凡三見

刑九七　　　亦勒均賠_{此條凡三見}

刑九三　　　錢賠不起呵_{此條凡四見}

　　　　　　　　　　　　"賠"元均作"陪"。

其次爲"賬"字。"賬"字後起，賬目之"賬"，帳幕之"帳"，元均作"帳"，校者習見近世"賬房"二字，並改帳幕之"帳房"爲"賬房"，至爲可笑。

吏七九　　　謂須計算簿賬_{小注}

　　　　　　　　　　　　元作"簿帳"。

户五廿一　　皆從尊長畫字立賬

　　　　　　　　　　　　元作"立帳"。

刑十一十九　資囊行李盡隨車輛賬房居止

　　　　　　　　　　　　元作"帳房"。

其次爲"僱"字。"僱"字後起，元刻通作"雇"，沈刻户部各條有改爲"顧"者，雖失本來，猶存古誼，兵部、刑部各條多改爲"僱"，則非元時所宜有。

兵一十六　　軍户和僱和買

兵一廿五　　探馬赤軍和僱和買_{三見}

兵一三五　　依例除免和僱和買_{二見}

刑十九十二　禁典僱

立契僱與彭大三使喚

自願將妻典僱 "僱"元均作"雇"。

其次爲"氈"字。"氈"字後起，元刻作"氊"，簡作"毡"，或作"氇"，不作"氈"也。沈刻多改爲"氈"，並"毯"字亦改爲"氈"，不知氈毯固異物也。

兵三十三　稍帶氈袋行李皮篋子

元作"捎帶氊袋"。

兵三十七　偷盜番布皮球氈襪等

元作"皮毯氊襪"。

兵四二　氈袋油絹夾板　元作"毡袋"。

工二十六　公廨鋪陳氊毯　元作"毯氊"，可知毯氊非一物矣。

新刑十四　花氈衣物　元作"花毯"。

新兵六　收買硝減毛氈等物

元作"毛氊"。

其次爲"袄"字。"袄"字後起，元刻作"襖"，沈刻多改爲"袄"，乃一特例，因元刻用字，概趨於簡，沈刻用字，概趨於繁，"襖"之改"袄"，適得其反。校者習見近世"袄"字通行，而不知其非元時所有，假定元時有"袄"字，則《元典章》必不用此筆畫繁重之"襖"字矣。

  刑二十三　　成造絮袄一領

  刑三廿八　　披著袄子

  刑四十九　　糶下袄子一箇

  刑八廿三　　四十四領胖袄　"袄"元均作"襖"。

  工三三　　　衲袄二百領　　"袄"元作"襖"。

"灶"字亦後起，元刻多作"竈"，沈刻有改爲"灶"者，假定元時有"灶"字，元刻必不用"竈"。

  刑三廿五　　於灶窩內　　　元作"竈窩"。

  新刑三二　　慶元路定海縣灶户

  　　　　　　　　　　　　元作"竈户"。

"晒"字亦後起，元刻本作"曬"，或作"㬠"。改"曬"爲"㬠"，猶可云二字當時通用，改"曬"爲"晒"，則非元時所應有，因"曬"繁而"晒"簡，假定元時有"晒"字，元刻必不用"曬"。

  刑四三二　　於日頭內炙晒　元作"炙曬"。

"餡"字"碗"字亦後起：

  兵三十三　　馬嬭子餅餡　　元作"餅䭠"。

刑三六　　將小豆一碗　　元作"一椀"。

第二十七　元代用字與今不同例

有字非後起，而用法與古不同，翻刻古籍，不應以後來用法之字用之古籍也。

元時稱人之多數輒曰"他每"，猶今稱"他們"也。浦本《史通·雜説》云："渠們底箇，江左彼此之辭。"似"們"字古已有之。南宋人用"們"，或用"懣"，然元時實通用"每"，今沈刻《元典章》恒改爲"們"，不覩元刻，幾疑"們"字爲元時通用也。

聖政一五　　將他們姓名申臺者

户八五八　　若拏住他們做賊說謊的呵

刑八十　　只依舊交管着他們的上頭

　　　　　　　"他們"元均作"他每"。

户十十三　　有的俺們宫觀裏住的先生每

　　　　　　　元作"俺每"。

刑十一十五　依着您門商量來的文書者

　　　　　　　"您門"元作"您每"。

新朝綱五　　要肚皮的歹人們厮俠俠著

元作"歹人每"。

新朝綱七　　教百姓們哏生受

元作"百姓每"。

原免之"原"，與元來之"元"異，自明以來，始以"原"爲"元"，言板本學者輒以此爲明刻元刻之分，因明刻或仍用"元"，而用"原"者斷非元刻也。今沈刻《元典章》，"元"多改爲"原"，古今用字混淆，不幾疑明以前已有此用法耶！

户三十　　原議養老女壻　　元作"元議"。

户四二十　　所據倪福一原下財禮

元作"元下"。

刑八四　　親隨受錢著落原主

元作"元主"。

"抄""鈔"二字古通用，然元時以楮幣爲鈔，習久遂以鈔爲楮幣專名，抄爲謄寫專名，凡元代公牘上抄到某年劄付，均作"抄"，不作"鈔"，今沈刻輒改"抄"爲"鈔"，意義不殊，面目全失。

新户五四　　鈔到大德十年八月中書省劄付

新兵十五　　鈔到延祐五年云云

　　　　　　　　　　元均作"抄"。

又現代之"現",古皆作"見",近世借"現"爲"見",乃以"見"爲視專名,"現"爲現代、現時等專名,習慣自然,忘其假借,然元時此等用法尚未通行,翻刻古籍,應存其舊。

户三廿五　　現充軍户　　　元作"見充"。

户九十三　　親舊現在切恐怠惰

　　　　　　　　　　元作"新舊見在"。

又有不識"見"義而改爲"兒"者:

户三十九　　兄鄭大兒充軍户

　　　　　　　　　　元作"兄鄭大見充軍户"。

又有不識"見"義而妄乙之者:

户七十七　　依准所擬定見數目

　　　　　　　　　　元作"見定數目"。

又"規避"元作"窺避":

吏四二　　別無規避

吏五六　　別無規避

新吏十九　　中間有無規避　　元均作"窺避"。

"仔細"元作"子細":

刑五四　　　仔細檢驗

刑五五　　　必須仔細推鞫　　元均作"子細"。

"跟隨"、"跟尋",元均作"根"。"跟"字雖非後起,然當時實用"根"不用"跟"。

刑十九三七　禁富戶子孫跟隨官員

新刑廿七　　跟隨顧同祖到大街無人處

　　　　　　　　　　　　元均作"根隨"。

刑七十八　　我跟你去　　　元作"根你"。

　　　　　　跟逐劉提舉尋覓勾當

　　　　　　　　　　　　元作"根逐"。

刑十五十四　跟捕不獲者

　　　　　　　　　　　　元作"根捕"。

刑十九四四　一同跟捉　　　元作"根捉"。

新刑四二　　親家劉三牛處跟尋

　　　　　　　　　　　　元作"根尋"。

鎗,鐘聲也,元時"槍"从"木",不从"金",金義後起。

兵二十四　　禁遞鋪鐵尺手鎗

　　　　　　　　　　元作"手槍"。此條三見

兵二十一　　環刀箭隻鎗頭等物

　　　　　　　　　　"環"元作"鐶"，
　　　　　　　　　　"鎗"元作"槍"。

"綢"字古有之，然元時"絲紬"之"紬"不用"綢"，以"綢"爲"紬"，起於元後。

工一十四　　織造絲綢　　元作"絲紬"。

工一十　　　粉飾絹綢　　元作"絹帛"。

工一十一　　段疋紗羅綢綾 本葉凡二見

　　　　　　　　　　"綢綾"二字衍。

"緞"字古有之，然元時"紬段"之"段"不用"緞"。

户四十五　　陸千五裙緞等物

户七十　　　仍將緞疋等物

刑十二一　　收買緞子

新兵十四　　毛子哈丹緞疋等物

　　　　　　　　　　"緞"元均作"段"。

"邱"字古有之，然姓不從"邑"，"丘隴"之

"丘"，亦不從"邑"。姓之從"邑"，避孔子諱，亦後起，元時不爾也。

禮三十五　　邱隴彌高　　　元作"丘隴"。

新刑四二　　縣尹邱恢狀招　元作"丘恢"。

又"分付"二字，與"丁寧"二字不同，"丁寧"亦作"叮嚀"，古本通也；"分付"作"吩咐"，蓋後起。"吩"字"咐"字，雖爲古所有，然其義與"分付"不同，元時只用"分付"，不用"吩咐"也。今元刻"丁寧"，沈刻改爲"叮嚀"，未嘗不可。

戶九六　　叮嚀教訓　　　元作"丁寧"。

惟元刻"分付"，沈刻率改爲"吩咐"，則不可矣。

吏四九　　或治下吩咐公事

吏四四七　　吩咐趙百三揚於江內

戶五三一　　將文狀吩咐湖南道宣慰司

兵五二　　即仰吩咐合屬爲民

　　　　　　　　　　　　元均作"分付"。

其他用字，意義不殊，而非元字者：

吏二十七　　承襲的體例狠低

　　　　　　　　　　　　元作"哏低"。

户七一　　　隨時出給官户硃鈔

若物不到官而虛給硃鈔者

元均作"朱鈔"。

刑十九五三　禁約划掉龍船　元作"撶掉"。_{本葉凡三見}

新刑廿九　於王二姐牀上揣摸到籚箱一只

元作"一隻"。

卷　四

元代用語誤例

第二十八　不諳元時語法而誤例

《元典章》語體聖旨，多由蒙古語翻譯而成，故與漢文法異，其最顯著者，常以"有"字或"有來"爲句，沈刻輒誤乙之，或竟刪去，皆不考元時語法所致也。

<small>卷葉</small>

聖政二_二　其間有的站赤自備首思又有哈剌張和林

　　　　　　元以"自備首思有"爲句，"又哈剌張"云云，妄乙爲"又有"。

戶六十二　費了脚錢今有後那裏的

　　　　　　元以"費了脚錢有"爲句，"今後"云云，

		妄乙爲"今有"。
刑十三九	巡禁的勾當怠慢了有如今後有司官云云	
		元以"怠慢了有"爲句,"今後"云云,妄添"如"字,爲"有如今後"。
刑八九	撇下軍逃走	元作"逃走了有",今妄删去"了有"二字。
兵三四二	田地遠麼道不肯來如有今怎生般來的云云	元以"不肯來有"爲句,"如今"云云,妄乙爲"如有"。
兵三四四	滿月回來的站船裏來又有聖旨裏宣喚的云云	元以"站船裏來有"爲句,"又聖旨"云云,妄乙爲"又有"。

吏四十五	世祖皇帝行了聖旨有近來年行臺云云	元以"聖旨有來"爲句,"近年"云云,妄乙爲"近來"。
户十一	其餘差役蠲免	"蠲免"下元有"有來"二字。
兵三四一	都騎坐鋪馬	"鋪馬"下元有"有來"二字。
兵三五	不曾與來的也有麼道奏知	元作"麼道奏來",妄改爲"奏知"。
新兵十三	不肯交將出去近來間哈剌出人每殁了呵	元以"交將出去來"爲句,"近間"云云,妄乙爲"近來"。
吏二十八	遷上者去欽此	元作"去者",妄乙爲"者去"。
吏三十六	都省裏説了者去欽此	

元作"去者",妄乙爲"者去"。

第二十九　不諳元時用語而誤例

凡一代常用之語言,未必即爲異代所常用,故恒有當時極通用之語言,易代或不知爲何語,亦校者所當注意也。

最顯著者爲元代"他每"、"人每"之"每"字,其用與今之"們"字同,而沈刻《元典章》輒改爲"每每",是不知"每"之用與"們"同也。

户八七四　　市舶司官人每每百姓每

刑十九四十　不通醫藥的人每每合假藥街市貨賣的

刑十九四一　不畏官法的人每每當街聚衆

兵一三六　　他每每的言語是的

刑十五四四　他每每遮蓋着自己的罪過

刑十九十七　他每每識者別了

刑十九四五　他每每所管的地面裏

　　　　　　　　　　"每每"元均單作"每"。

兵一三二　　萬户海奏將來　"海"元亦作"每"。

其次爲"您"字。"您"是元時第二人稱之多數，蒙古汗對大臣恒用之。元秘史單數稱"你"，多數稱"您"。今沈刻《元典章》輒改"您"爲"你"，非當時語意。

戶八五六　　依著你的言語者

戶八五八　　如今依著你的言語許你便交拿著問呵

戶八六六　　你理會得那般行者

兵一四五　　奉聖旨你議者

　　　　　　依著你的言語裏便行者

兵二二　　　問火魯火孫丞相你在前禁約著來麼

兵二十　　　你道的也依著你商議的行者

兵五七　　　依你商量來的　"你"元均作"您"。

又"您"雖爲多數，然《元典章》"您"下恒有"每"字，葉刻元秘史續集一第二十六葉，亦偶一見之，沈刻《元典章》輒改爲"你每"。

戶八六七　　你每收拾者

兵五七　　　著落你每麼道　元均作"您每"。

其次爲"哏"字，亦元時常語，猶言"甚"也。今或作"狠"。沈刻多誤作"限"，或作"艱"，蓋不知

"哏"之爲用也。

朝綱一二　　事務艱多　　　　元作"哏多"。

吏四十一　　省家的選法限外了

　　　　　　　　　　　　元作"哏壞了"。

户八五六　　煎鹽的竈户限生受有

　　　　　　　　　　　　元作"哏生受"。

兵一三二　　氣力限消乏了　元作"哏消乏"。

刑二十九　　限遲慢著有　　元作"哏遲慢"。

其次爲"覰"字，亦元時常語，沈刻輒誤爲"親"，蓋不知"覰"之爲用也。

臺綱二十一　交休親面皮

吏二九　　　如今蠻子田地裏親著呵

吏二廿六　　不及七十歲的我親麼道聖旨有來

　　　　　　　　　　　　"親"元均作"覰"。

又"取勘"、"照勘""追勘"，皆元時公牘常語，今沈刻於吏部各條，則誤"勘"爲"堪"。

吏三十九　　取堪到名賢書院

　　　　　　　　　　　　元作"取勘"。

吏三二十　　照堪類選年甲　元作"照勘"。

於刑部各條，則改"勘"爲"審"。

刑十一三四　取審元盜馬匹　　元作"取勘"。

刑十一三七　本省行下照審　　元作"照勘"。

刑十一四六　依理追審歸結　　元作"追勘"。

刑十二二　　合咨行省照審　　元作"照勘"。

刑十二八　　追審間欽遇詔恩

元作"追勘"。

於新集各條，則改"勘"爲"看"，蓋不知"勘"之爲用也。

新刑六六　　各道廉訪司照看

元作"照勘"。本葉二見

新刑六八　　體看是實　　　　元作"體勘"。

新刑六九　　合屬招看　　　　元作"照勘"。

新刑七三　　官吏枉看枉禁　　元作"枉勘枉禁"。本葉三見

新刑七五　　雖未看會完備　　元作"勘會"。

又"斟酌"，元時常語，今尚通行，沈刻則輒改爲"勘酌"，不知何故。

臺綱二廿三　就便勘酌斷者

吏六四九　　勘酌遠近

刑十一四六　或勘酌收贖

新户一　　　隨路府州司縣官員勘酌本葉凡二見

新户四　　　其餘輕罪臨時勘酌

　　　　　　　　　　　　元均作"斟酌"。

又"約量"，元時常語，沈刻輒改爲"酌量"。

户四廿三　　酌量罰俸

户五二　　　就便酌量斷罪

禮三二十　　擬合酌量添給　元均作"約量"。

工一十一　　於犯人名下計約酌量追償

　　　　　　　　　　　　"計""酌"二字衍。

又"黜降"、"黜罰"、"黜罷"，亦元時常語，今沈刻多誤"黜"爲"點"。

吏五二十　　開寫作例點降　元作"黜降"。

吏八六　　　驗輕重點罰　　元作"黜罰"。

户九二十　　依理責罰點罷　元作"黜罷"。

兵一十九　　逼令逃亡者斷罪點降

　　　　　　　　　　　　元作"黜降"。

新兵九　　　合無追徵點降　元作"黜降"。

於新集各條，則改"黜"爲"斥"，似不知"黜"之爲用也。

新刑三五　　於解由內開申斥降

新刑六四　　合無追徵斥降

新刑六五　　未審合無斥降

　　　　　　依例斥降

新刑六六　　或斥降殿叙

新刑六七　　合無追徵斥降

新刑七一　　合無一體追徵斥降

　　　　　　難擬斥降殿叙　　元均作"黜降"。

"禮任"，元時常語，沈刻輒改爲"理任"。

吏四十　　　即令新官理任

吏四十三　　即將理任署事月日飛申

吏四十五　　理任月日　　　元均作"禮任"。

吏五八　　　諸官員理任出差還職

　　　　　　　　　　　　　元作"禮任差出"。

吏五十四　　自幾年月日理任署事

吏五廿七　　格限以後理任　元均作"禮任"。

"差占"，元時常語，沈刻輒改爲"差站"。

刑十三七　　不得別行差站。

刑十三九　　若許餘事差站

　　　　　　差站著巡軍弓手的上頭

　　　　　　不得差站

刑十三十二　不得別行差站

刑十三十九　差站一百八十六人

　　　　　　　　　　元均作"差占"。

"檢閘"，元時常語，沈刻輒改爲"檢閱"。

新户五　　　那鈔内檢閱出一千三百一十二定

新户六　　　檢閱出接補描改假僞等鈔

　　　　　　　　　　元均作"檢閘"。

　　　　　　閱出接補挑剜不堪等鈔

　　　　　　　　　　元作"閘出"。

新户七　　　子細檢閱

新户三六　　檢閱昏鈔　　元均作"檢閘"。

"即目"、"目今"，元時常語也，沈刻輒改爲"即日"，不知"即目"二字，近代猶或用之。

吏二廿五　　因今年甲若干　"因今"元作"目今"。

吏三二十　　即日在選籍記五百餘員

吏五七	即日到部	
户三六	雖稱即日入局造作	
户三七	即日另居	
户五四	即日雖已歸附	
禮五九	即日屢經天災	"即日"元均作"即目"。

"生受"，元時常語，沈刻輒不知而誤改之。

兵三八	致使百姓坐受	"坐受"元作"生受"。
兵三十四	百姓每怎生不受生底	"受生"元作"生受"。

又"去處"，亦元時常語，近代俗語猶有之，不知沈刻何以輒誤。

臺綱二七	凡有按察者處	"者處"元作"去处"。
户八三八	如到發賣處去	"處去"元作"去處"。
兵一十二	軍人屯等去逃	元作"屯守去处"。
兵三八	令後司經過處去	元作"今後私經過去處"。
新刑八九	前去瀕海地處	"地處"元作"去處"。

又"揩勒"、"揩除",元時常語,沈刻輒誤"揩"爲"指",或誤爲"措"。

户八三十　　照依官價指除　"指除"元作"揩除"。
　　　　　　在先場官指勒竈户
　　　　　　　　　　　　　"指勒"元作"揩勒"。
兵一五三　　却於見役軍人糧内措除
　　　　　　　　　　　　　"措除"元作"揩除"。
户八八七　　乘此之際指除務官
新兵三　　　巧立名目擅自指除
新兵九　　　指除軍人封裝　"指除"元均作"揩除"。

"合干"、"干照",元時常語,沈刻輒誤"干"爲"於"。

户三十三　　諸色户籍地畝於照文册
　　　　　　　　　　　　　"於照"元作"干照"。
户五廿六　　就申合於上司補換
户六二十　　仍申合於上司照驗
户七一　　　開申合於部分　"合於"元均作"合干"。
户七一　　　攢典合千人以上

　　　　　　　　　　　　"合千"元作"合干"。

新朝綱四　　從下合於衙門裏不告

　　　　　　　　　　　　"合於"元作"合干"。

"捎帶"，元時常語，沈刻輒誤爲"稍帶"。

兵三十三　　禁約使臣稍帶沉重

兵三四七　　押運不得稍帶私物

兵三四八　　恣意稍帶諸物　"稍帶"元均作"捎帶"。

新兵六　　　軍車稍載回還　"稍載"元作"捎載"。

"死損"、"倒損"，元時常語，沈刻輒不知而刪改之。

兵三卄六　　其馬馳驟易於困乏死

　　　　　　　　　　　元作"困乏死損"。

　　　　　　以致死省馬匹　元作"死損馬匹"。

　　　　　　倒死數多　　　元作"倒損數多"。

"沮壞"，元時常語，沈刻輒誤"沮"爲"阻"。

臺綱一二　　阻壞鈔法澀滯者

臺綱二三　　凡有事務阻壞

新朝綱八　　休阻壞者　　　"阻壞"元均作"沮

壞"。

户八十六　　如有詛壞虧兑　　"詛壞"元作"沮壞"。

"逐旋"，元時常語，沈刻輒誤"逐"爲"遂"。

臺綱二五　　遂旋代奏

新户十八　　遂旋添了　　　元均作"逐旋"。

户八廿四　　免致遂施秤盤　　"遂施"元作"逐旋"。

"裹攢"，元時常語，沈刻輒誤"裹"爲"裏"。

兵一五　　　裏攢合併户計

　　　　　　若有裏攢不礙户計

　　　　　　有姓名同裏攢户例

　　　　　　　　　　　"裏攢"元均作"裹攢"。

"臟仗"，元時常語，沈刻輒誤"仗"爲"伏"。

刑二四　　　倘臟伏明白

刑二十七　　臟伏已明　　　"臟伏"元均作"臟仗"。

"延胤"、"燒胤"，元時常語，沈刻輒誤"胤"爲"徹"。

刑十九廿四　延徹人家　　　元作"延胤"。

| 刑十九廿六 | 燒徹房屋 | 元作"燒胤",謂遺火延燒也。 |

"根底",元時常語,沈刻輒誤"根"爲"糧"。

| 兵一廿五 | 奧魯每糧的 | "糧的"元作"根底",誤"根"爲"粮",又改"粮"爲"糧",改"底"爲"的"也。 |

| 兵五七 | 只兒哈郎那的每糧底 | "糧底"元作"根底",誤"根"爲"粮",又改"粮"爲"糧"也。 |

"爲頭",元時常語,沈刻亦不知而誤改誤刪之。

| 吏三十三 | 爲顯達魯花赤 | "爲顯"元作"爲頭"。 |

本葉三見

| 兵一三八 | 有回頭兒走的殺了 | "回頭"元作"爲頭"。 |

| 新刑六九 | 爲要訖高揚等鈔 | "爲"下元有"頭"字。 |

"刁蹬",元時常語,沈刻乃誤爲"力蹬"或

"蹬刁"。

吏四五　　因而力蹬留難　　元作"刁蹬留難"。

兵一廿二　　展轉蹬刁賣弄　　元作"刁蹬賣弄"。

其他元時常用語言，沈刻不明其意而誤者，固不勝枚舉也。

聖政一十二　　休這當者　　　"這當"元作"遮當"。

　　　　　　　　　　　　　　本葉二見

聖政一十八　　橫派科歛　　　"橫派"元作"橫泛"

聖政二五　　丈量地畝　　　　"丈量"元作"打量"。

聖政二九　　無得收取　　　　"收取"元作"收要"。

臺綱二十一　　近聞詔書裏　　"近聞"元作"近間"。

臺綱二廿三　　取了招覆回來　"招覆"元作"招伏"。

吏六三八　　脚根淺短之人　　"脚根"元作"根脚"。

禮六三　　不許杴袒出外　　　"杴袒"元作"衳袒"。

兵三三十　　鋪馬禁馳段匹　　"禁馳"元作"禁馳"。

　　　　　　　　　　　　　　本條三見

兵三三二　　不須泛濫起差　　元作"不許從濫起差"。

刑二三　　恣情以殺殺捆打

　　　　　　　　　　　　　　"捆打"元作"摑打"。

刑五十二　　一同移尸村外撇下
　　　　　　將移尸人程犇兒

　　　　　　　　　"移尸"元均作"擤尸"。

刑十一十九　剜割而取財物者

　　　　　　　　　"剜割"元作"剜豁"。

刑十二二　　用懵藥令吴仲一食用刀割取鈔定

　　　　　　　　　元以"食用"爲句，
　　　　　　　　　"刀"字衍。

第三十　因元時用語而誤例

不諳元時用語而誤，既如上述，亦有因習見元時用語而致誤者。

兵二三　　中書省官人每奏一个路裏十副弓箭

　　　　　　　　　"每奏"元作"奏每"。
　　　　　　　　　"官人每"係元時常語，然此則言"中書省官人奏，每一个路裏十副弓箭"，"每"屬下，不屬上也。

| 刑十一三一 | 節次破使不花 | "不花"元作"不存"。"不花"二字，元時人名常用，然此實作"不存"，非人名也。 |

| 工二八 | 或將已招伏業逃戶 | |
| | 已招伏業人戶 | "伏業"元均作"復業"。"招伏"係元時用語，然此實言招復業逃戶，非"招伏"也。 |

又有誤以元時用語改本文，而不知本文亦係元時用語者。知其一不知其二，不足以校元時典籍也。

| 吏二廿四 | 渡江總管百戶 | "總管"元作"總把"。"總管"係元時用語，不知"總把"亦元時用語也。 |

| 吏三廿九 | 不須擬設勾當 | "勾當"元作"管勾"。"勾當"係元時用語，不知"管勾"亦元時 |

		用語也。
吏六五一	路州縣吏勾當	"勾當"元作"勾補"。
吏六五五	驗此勾當	
	又於州司吏内勾當	
		"勾當"元均作"勾補"。
吏六五六	於附近府州吏内勾當	
		"勾當"元作"勾補"。"勾當"係元時用語,不知"勾補"亦元時用語也。
吏八十三	檢勾當人員	"當"字衍。"勾當"係元時用語,不知"檢勾"亦元時用語也。
吏二十九	根底深重人員	"根底"元作"根脚"。
吏五十五	本官根底原係是何出身	
		元作"本官根脚元係是何出身"。
都省通例二	根底脚淺短	"底"字衍。"根底"係

		元時用語，不知"根脚"亦元時用語也。
户一_四	中書省劄付送户部	"付"字衍。"劄付"係元時用語，不知"劄送"亦元時用語也。
户九_{十三}	蒙古文字節該	"節該"元作"譯該"。"節該"係元時用語，不知"譯該"亦元時用語也。
刑十九_八	權豪勢要諸色目人等	"目"字衍。"色目"係元時用語，不知"諸色"亦元時用語也。
新吏_一	似這般濫用的人每生受多有	"生受"元作"好生"。"生受"係元時用語，不知"好生"亦元時用語也。

第三十一　因校者常語而誤例

凡語言隨所處之時地與所習而異，校書之誤，每參以校者習用之語言，而不顧元文意義之是否適合，此一蔽也。

詔令一二	宣布維新之令	元作"宜布"，因常語而誤作"宣布"。
臺綱一二	承受官司即須執中	元作"執申"，因常語而誤作"執中"。
吏二十二	欽奉宣命	元作"欽授"，因常語而誤作"欽奉"。
吏三廿三	從本道出結付身	元作"出給"，因常語而誤作"出結"。
吏五十八	一切公司過犯	元作"公私"，因常語而誤作"公司"。
吏六三十	言語辦理	元作"言語辯利"，因常語而誤作"辦理"。

吏六三七	議得先後書吏	元作"先役",因常語而誤作"先後"。
吏八十二	依例相法交割	元作"相沿"。
戶一十一	各官相法交割	元作"相沿",因常語而誤作"相法"。
吏八十五	收領官	元作"首領",因常語而誤作"收領"。
戶一三	告假事故	元作"假告",因常語而誤作"告假"。
戶二三	中書省定例使臣分例	元作"定到"。
戶二十三	已有定例分例	元作"定到",因常語而誤作"定例"。
戶四十八	轉行別駕	元作"別嫁",因常語而誤作"別駕"。
戶四卄七	似爲便宜	元作"便益",因常語而誤作"便宜"。
戶四三九	許留難雖已成親	元作"留奴",因常語

		而誤作"留難"。
户八五七	依例結果	元作"結課"。
户八六十	各處轉運司追斷結果	
		元作"結課",謂鹽課也,因常語而誤作"結果"。
禮六十七	牒委文質正官	元作"文资",因常語而誤作"文質"。
兵一六	不行保甲	元作"保申",因常語而誤作"保甲"。
兵一五二	元數減半支付薪水煎粥養患	
		元作"支付新米",因常語而誤作"薪水"。
兵三四一	據旱路人夫	元作"旱站",因常語而誤作"旱路"。
刑十五十五	憑彭城等指證	元作"彭誠",因常語而誤作"彭城"。
刑十六十五	湖廣等遊街身死	
		元作"胡廣",因常語

		而誤作"湖廣"。
刑十九十九	牛黃牛隻	元作"水黃",因常語而誤作"牛黃"。
工一二	竹木之器作以節用	
		元作"薪用",因常語而誤作"節用"。
新朝綱一	伏乞聖朝奄四海以爲家	
		元作"伏維",因常語而誤作"伏乞"。
新户一	暫借債牛力	元作"借倩",因常語而誤作"借債"。
新户十三	卑府難以支持	元作"卑庫",因常語而誤作"卑府"。

又有涉上下文而誤以常語改之者:

吏二廿七	滿日銓注疏外	元作"銓注流外",因"流"上有"注",遂誤爲"注疏"。
吏六三五	從容路貢舉行移本司	
		元作"從各路",因

	"各"上有"從",遂誤爲"從容"。
吏六三五	各道廉訪司書吏有欽依例於所轄路分云云
	"有欽"元作"有缺",因"缺"下有"依",遂誤爲"欽依"。
吏八十	止用蒙古字樣寫
	元作"蒙古字標寫",因"標"上有"字",遂誤爲"字樣"。
吏八十四	專一切經歷知事
	元作"專一與經歷知事",因"與"上有"一",遂誤爲"一切"。
戶二十四	於近上下多戶內
	元作"近上丁多戶內",因"丁"上有"上",遂誤爲"上下"。

兵三十一　　將利津縣尹陳克拷打傷身死

"陳克拷"元作"成克孝",因"孝"下有"打",遂誤爲"拷打"。

新刑三九　　又親筆畫到平章右丞押字樣寫蒙古字省掾姓名

"樣寫"元作"標寫",屬下爲句,因"標"上有"字"字,遂誤爲"字樣",而失其句讀矣,皆因常語而誤者也。

第三十二　用後代語改元代語例

有以後代語改元代語者,語言由事物而生,無此事物,無此用語也。今沈刻《元典章》乃有非元時應用之語,亦妄改之一端也。

吏一三一　　上都巡警院判官

元作"警巡院",元時

吏一四十	諸城所副都統	元作"諸城所副統領",元時無"副都統"之名也。
吏六六四	中書省判送本部院呈	元作"本部元呈",元時無"本部院"之稱也。
刑一七	該奉部堂鈞旨	元作"都堂鈞旨",元時無"部堂"之稱也。
新吏三	延祐二年六月內閣奉宣命	元作"六月內欽奉宣命",元時無"內閣"之稱也。
吏一四十	正定弓匠	元作"真定弓匠",元時不稱"正定"也。
吏四十六	浙江行省	元作"江浙行省",元時無"浙江省"之名也。此誤極多,不

(上接)不稱"巡警院"也。

		勝舉。
吏五三	浙江行省	元作"江浙行省"。
吏五三四	浙江行省	元作"江浙行省"。
吏六五五	先充望江蘇司吏	
		元作"望江縣司吏",元時無"江蘇"之名也。
刑十一廿八	陝西省西安府臨潼縣	
		元作"安西臨潼縣","省西安府"四字衍,元時無"西安府"之名也。
刑十六十五	貴縣縣尹	元作"貴池縣尹",元時無"貴縣"之名也。
禮四十五	將硃卷逐旋送考試所如硃卷有塗注乙字	"硃"元均作"朱",元稱"朱卷",不稱"硃卷"也。
禮四十五	受卷官送彌封所撰字號彌封訖	

元均作"封彌",元稱"封彌",不稱"彌封"也。

第三十三　元代用語與今倒置例

元代用語,有與今倒置者,校者不應改易其本來,否則無以覘語言變遷之痕迹。況元代種族至雜,語系至繁,迄今《元典章》所留遺之語言,每含有翻譯成分,其最顯著之例,即爲與今語倒置,沈刻輒以今語乙之,殊多事矣。

"貨物",《元典章》皆作"物貨",沈刻多改爲"貨物",驟觀之似沈刻是而元本非也。

戶七廿六　　押運貨物前去

戶八七十　　亦止斷没所犯貨物

戶八七二　　抽訖貨物内

　　　　　　已抽經税貨物

　　　　　　抽辦貨物價錢

戶八七五　　就博到別國貨物

戶八七六　　偷藏貴細貨物

| 新刑六五 | 元買貨物 | 元均作"物貨"。 |
| 戶八一〇二 | 災傷流民物價 | "物價"元亦作"物貨"。 |

"土地",《元典章》皆作"地土",沈刻多改爲"土地":

朝綱一十	婚姻土地
戶五四	如委是官司土地
戶五廿六	所賣土地
戶五廿八	田宅土地
刑十五三八	更將前項土地
刑十五三九	凡告婚姻土地	元均作"地土"。

"揀選",《元典章》皆作"選揀",沈刻多改爲"揀選":

吏三十	揀選有根脚的色目人	元作"選揀"。
吏六二	選有餘閑年少子弟	"選"下元有"揀"字。
吏六六二	仰講究擇選典史	元作"選擇"。

户八十一　　仍須差選廉幹人員

　　　　　　　　　　　　元作"選差"。

兵三十　　　揀選馬匹　　元作"選揀"。

新兵五　　　揀選有力慣熟好軍

　　　　　　　　　　　　元作"選揀"。

"日月",《元典章》多作"月日"沈刻輒改爲"日月":

吏二八　　　所歷日月

吏三一　　　做官底人日月多了呵

吏三廿四　　若更多添日月

户十一二　　照依中書省定到日月

　　　　　　　　　　　　元均作"月日"。

"患病",《元典章》多作"病患",沈刻輒改爲"患病":

吏五十二　　或稱沿途患病　　元作"病患"。

吏六四三　　若係疾病　　元作"病疾"。

兵一五三　　委實無氣力無飲食患病軍人

　　　　　　　　　　　　元作"病患軍人"。

刑二十二　　內有患病　　元作"病患"。

| 刑二十三 | 患病者 | 元作"病患者"。 |
| 刑二廿二 | 罪囚患病 | 元作"罪囚病患"。 |

"錢財",《元典章》作"財錢":

户四七	原下錢財	元作"元下財錢"。
刑十九十四	所受錢財没官外	
		元作"財錢"。

"磨刷",《元典章》作"刷磨":

| 臺綱一七 | 磨刷案牘 | 元作"刷磨"。 |
| 臺綱二二十 | 磨刷諸司案牘 | 元作"刷磨"。 |

"方才",《元典章》作"才方":

| 吏四十五 | 方才之任 | 元作"才方"。 |
| 户四七 | 方才成親 | 元作"才方"。 |

"把守",《元典章》作"守把":

| 刑十三七 | 把守街巷 | 元作"守把"。 |
| 工二十 | 把執器械 | 元作"執把器杖"。 |

其他似此倒置者尚夥,或出偶然,亦有絶非偶然,而已成爲定律者,從事校讐者決不應以今語改古語也。

| 目録十 | 旌節孝 | 元作"孝節"。 |
| 臺綱二十三 | 依舊留存 | 元作"存留"。 |

吏三三十	老成厚重	元作"重厚"。
吏五廿六	往往馳驅仕途	元作"驅馳"。
吏六九	深淺長闊各各分寸	元作"寸分"。
戶三廿一	蕭千八爲無男兒	元作"兒男"。
戶四十四	在先做了夫妻	元作"妻夫"。本葉凡五見
戶四四二	有舅姑小叔	元作"姑舅"。
戶五十五	頂替王德堅門戶	元作"戶門"。
戶五十五	既是另分之後	元作"分另"。本葉凡三見
戶五十六	別無兄弟	元作"弟兄"。
戶五三一	污穢堦衢	元作"穢污"。
戶七六	凡赴官庫買賣金銀者	元作"賣買"。
戶七十九	無得失去損壞	元作"去失"。
禮三二	或懸影及寫牌位亦是	

		元作"位牌"。
禮三三	餚饌二三寸道	元作"三二十道"。
禮三十五	甚至無益	元作"至甚無益"。
兵三九	毋得鄉下要取馬匹草料	
		元作"取要"。
刑十五十七	棄滅人倫	元作"滅棄"。
刑十六四二	柴薪蔬菜等物	元作"菜蔬"。
刑十八二	令人認識	元作"識認"。_{本葉凡二見}
新朝綱一	旋即違背	元作"背違"。
新兵六	如蒙量擬左右手	
		元作"右左手"。
新刑四十	肚腹昏悶	元作"腹肚"。

卷 五

元代名物誤例

第三十四　不諳元時年代而誤例

昔顧千里爲洪氏校刊宋本《名臣言行錄》，歷舉其年名、地名、人名、官名之誤，今沈刻《元典章》此類譌誤亦多，茲先舉其年代之誤。

元時至大年號祇有四年，而沈刻《元典章》有不止四年者：

<small>卷葉</small>

目錄<small>廿一</small>　　背五行"至大二十九年"

目錄<small>廿四</small>　　背八行"至大二十三年"

目錄<small>三六</small>　　背十一行"至大二十一年"

目錄<small>四五</small>　　三行"至大五年"

戶四<small>廿一</small>　　至大八年　　　元均作"至元"，年號誤也。

新刑四一　　至大九年　　　元作"元年"，年數誤也。

又有不成年號，而沈刻《元典章》有之者：

吏八八　　　自在八年　　　元作"自至元八年"。

禮二十四　　元至八年　　　元作"至元"。

刑二四　　　大至四年　　　元作"大德"。

元年號有至大，有大德，而沈刻《元典章》有至大德，其中必有一字係衍文：

吏二三一　　近覩至大德二年

　　　　　　　　　　　　　"德"字衍。

兵三廿六　　既係至大德二年

　　　　　　　　　　　　　"德"字衍。

正統爲明朝年號，而沈刻《元典章》有正統：

刑二六　　　正統五年　　　元作"中統"。

元祐爲宋朝年號，除引用故事外，《元典章》不應有元祐：

刑十一十七　元祐六年　　　元作"延祐"。

又以鼠牛等十二屬紀年，蒙古俗也，而沈刻《元典章》有妄添改者：

133

兵三卅一　　猪鼠年奏呵　　元作"猪兒"，妄改爲"猪鼠"。

工三四　　譯該馬兒於至元年

　　　　　　　　　元作"馬兒年"，妄加"於至元"三字。

又有年數之誤顯然，而沈刻未經改正者。元代至元年號，祇有三十一年，今乃有三十三年：

目錄三八　　九行"至元三十三年"

目錄三九　　二行"至元三十三年"

户七三　　至元三十三年

吏六五十　　至元三十三年　　元均作"二十三年"。

又元時大德年號祇有十一年，今乃有十六年：

吏五卅七　　大德十六年　　"六"字衍。

刑十一卅八　　大德十六年　　"十"字衍。

新刑五八　　大德十六年　　"十"字衍。

又元時元貞年號祇有二年，今乃有三年：

吏六三　　元貞三年　　元作"二年"。

又元時延祐七年無閏月，而沈刻延祐七年有閏月：

新工一　　延祐七年閏三月

元作"元年"。

第三十五　不諳元朝帝號廟號而誤例

凡校一代之書，必須知一代之帝號廟號，遇有非此朝代所有之帝號廟號，則常恐其或譌。

元代之書，有《聖武開天記》、《聖武親征錄》，皆指元太祖也，而沈刻《元典章》有神武：

詔令一三　太祖神武皇帝　　元作"聖武"。

元有太祖、世祖，無聖祖，而沈刻《元典章》有聖祖：

吏二廿六　聖祖皇帝　　　元作"世祖"。

元世祖不稱高皇帝，而沈刻《元典章》有世祖高皇帝，蓋清人習聞清朝帝號，乃以加之元帝也。

新刑五三　世祖高皇帝　　"高"字衍。

又元時國語帝號，如完者都、完者篤、完澤篤、完澤秃之類，譯音無定字，皆以稱元成宗，而沈刻《元典章》乃有完澤駕，"駕"爲"篤"之譌，其誤顯然，不得委之譯音無定字也。

禮三十一　完澤駕皇帝　　元作"完澤篤"。

第三十六　不諳元時部族而誤例

元時部族，蒙古稱達達，而沈刻《元典章》有單稱達者：

戶八三　　達民戶　　　　元作"達達民戶"。

元時部族，分蒙古、色目、漢人，而沈刻《元典章》恒誤色目爲色日：

戶六廿六　　色日高麗遞去湖廣

　　　　　　　元作"色目高麗"。

兵二一　　回回色日官人每

　　　　　　　元作"回回色目"。

兵二二　　畏吾兒回回色日官人

　　　　　　　元作"色目官人"。四葉同

元時色目中有唐兀，而沈刻《元典章》恒誤爲唐元：

吏二十八　　畏吾兒乃蠻唐元等

　　　　　　　元作"唐兀等"。

禮二十四　　唐元衛百戶　　元作"唐兀衛"。

元時色目中有阿速，而沈刻《元典章》或誤"阿"

爲"呵":

兵一五一　　欽察每呵速每　　元作"阿速每"。

元時色目有木速魯蠻，而沈刻或誤"木"爲"本"：

刑十九十六　本速魯蠻回回每

元作"木速魯蠻"。

元時色目有也里可溫，而沈刻或誤以"也"爲助詞，連上爲句：

兵三三六　　奧剌憨者也阿溫氏人

元作"也里可溫人氏"。

元時漢人又稱漢兒，而沈刻漢兒、漢人二字恆誤：

吏二廿五　　蒙古從兒官人每

元作"漢兒官人每"。

吏六四二　　其餘色目漢目　　元作"色目漢人"。

元時女真亦稱漢人，而沈刻或誤爲"女貞"：

禮三一　　女貞風俗　　元作"女真"。

第三十七　不諳元代地名而誤例

一、所誤爲歷代所無之地名，一望即知其誤者也。

吏一廿三　　平灣等處　　元作"平灤"。

吏一廿九	箪州	元作"單州"。
吏三十	與城縣達魯花赤	元作"南城縣"。
吏五七	千陽路	元作"平陽路"。
户二十	真定路備奕城縣申	元作"欒城縣"。
户四七	滋州塗陽縣	應作"磁州滏陽縣"。
户四十五	郡武路	元作"邵武路"。
户四四十	淄菜路申滿臺縣	元作"淄萊路申蒲臺縣"。
户五十五	淄來路	元作"淄萊路"。
户六廿八	臨江路備新塗州申	元作"新淦州"。
户十八	江省行省	元作"江西行省"。
兵三五四	迤北直至青州楊材	元作"清州楊村"。
刑三廿五	永平路備撫軍縣申	元作"撫寧縣"。

刑四廿八	冠民縣申	元作"冠氏縣"。
刑十四五	璃州樂會縣	元作"瓊州樂會縣"。
新戶四七	普晉路申	元作"晉寧路"。

二、所誤爲元時所無之地名，略一考究，即知其誤者也。

兵四八	廣東行省	元作"湖廣行省"，廣東元時不稱行省。
吏一三三	彰德府宕	元作"彰德輔宕"，彰德元時不稱府。
戶八六十	重慶府	元作"重慶路"，重慶元時不稱府。
戶九廿一	河北江南道	元作"河南江北道"。
兵三十二	領北河南道	應作"嶺北湖南道"。
刑八十七	江南淮西道	元作"江南浙西道"。
戶三十九	臺城縣	元作"橐城"，元時無臺城縣。
戶四廿八	隆興萬戶府	元作"龍興萬戶府"。至元二十一年，已改隆興爲龍興。

刑三九　　　並隆興路　　　　元作"龍興路"。

刑十四八　　河南行省咨陝州路

　　　　　　　　　　　　　　元作"峽州"，陝州元
　　　　　　　　　　　　　　時不稱路。

三、所誤爲元時所有之地名，而隸屬不相應，亦易察覺者也。

吏一十六　　景州溧陽等處　　元作"景州灤陽"。若
　　　　　　　　　　　　　　溧陽，則與景州不
　　　　　　　　　　　　　　相接。

戶十九　　　道州衡州路軍人

　　　　　　　　　　　　　　元作"道州衡州路"。
　　　　　　　　　　　　　　若衛州，則與道州不
　　　　　　　　　　　　　　相接。

兵一五十　　甘肅肅州有的倉庫

　　　　　　　　　　　　　　元作"甘州肅州"。

刑七四　　　湖廣省咨鄂州路備威寧縣申

　　　　　　　　　　　　　　元作"咸寧縣"。若威
　　　　　　　　　　　　　　寧縣則不屬鄂州路。

新刑六十　　婺州路蘭州溪州同知

> 元作"蘭溪州同知","蘭"下"州"字衍。若蘭州,則不屬婺州路。

四、所誤爲元時所有之地名,而未指明隸屬,則非用對校法,莫知其誤者也。

| 户五五 | 濮州知州 | 元作"滁州"。 |

| 禮六九 | 鄆州有時分寫來 | 元作"漷州"。 |

| 新户廿二 | 山東兩淮蘇蕪引據 | 元作"萊蕪"。 |

| 新刑廿七 | 江西廉訪司申 | 元作"淮西",涉上文而誤。 |

| 新刑廿八 | 今准江西廉訪司所言 | 元作"今淮西","江"字衍。 |

五、地名誤作非地名,有時亦非對校不可。

| 兵三五四 | 自李二等至臨清水站 | 元作"李二寺"。李二

  寺爲元時入都要道，今誤作"李二等"，則或疑爲人名。

刑三十八　　吉州路上有攸縣

  元作"上猶攸縣"，上猶爲吉州屬縣，今誤作"上有"，則莫知爲地名。

第三十八　不諳元代人名而誤例

  元時蒙古、色目人名，與漢人絶不同，凡校元朝典籍，對元時人名，應有特別認識。如帖木兒、囊家歹等，元時常見之名也，今沈刻《元典章》亦有誤者：

户九十六　　燕站木兒

户十五　　也先站木兒　　"帖"誤作"站"。

兵三十七　　失八兒土豪家歹

  "囊"誤作"豪"，涉"土"字而誤。

  又阿合馬、闊闊、阿术、相威、安童、拜住等，爲元時大臣，《元史》均有傳，其名甚著，今沈刻《元典章》亦誤之。

臺綱二十一　在前阿馬坐省時分

"阿"下漏"合"字。

戶五十　　　閻閻你教爲頭衆人商量了

"閻"誤爲"閻"。

戶八九　　　在先合阿馬　　"阿""合"倒置。

兵一廿六　　呵术管的時分　"阿"誤爲"呵"。

兵一廿七　　相成大夫　　　"威"誤爲"成"。

刑十四三　　安裏丞相　　　"童"誤爲"裏"。

刑十九四五　拜征怯薛第三日

"住"誤爲"征"。

其他錯漏倒置更不一，有錯誤而仍可知爲人名者，有錯誤而遂不知爲人名者：

吏五四　　　魯火赤約剌忽　元作"納剌忽"。

吏六四十　　譯史入剌脫因　元作"八剌脫因"。

戶六十八　　劉伯察兒　　　元作"劉伯眼察兒"。

戶七三十　　平地縣舊界倉官火日等

元作"火者等"。

禮四三	本院官答失蠻乞歹	
		元作"答失蠻乞里乞歹"。
兵一廿五	也速歹兌	元作"也速歹兒"。
兵一四九	唆朗今歹名字的萬户	
		元作"唆朗合歹"。
兵一五十	答失變私過罪名	
		元作"答失蠻"。
兵三十一	勾捉赤忽兀歹等到官	
		上文作"忽赤兀歹"。
兵三廿八	孛魯總答兒中丞	
		元作"孛魯忽答兒中丞"。
兵三三三	月迷的失	元作"月的迷失"。
兵三四五	劉吉列吉恩	元作"劉乞列吉思"。
兵五七	連右兒赤	元作"速古兒赤"。
兵五八	先者知院	元作"完者知院"。
刑三二十	忽抹察	元作"忽林察"。
刑七三	鄭忓古歹	元作"鄭忙古歹"。

刑九九	忽察忽恩	元作"忽察忽思"。
刑十七六	回回大者及等	元作"火者及"。
	同夥者及並黑回回四人	
		元作"同火者及"。"火者及"爲元時回回人常用之名,今乃誤"火者"爲"同夥者",此非音訛,實由妄改矣。
刑十九四十	前者脫迷兒的上頭	
		元作"脫兒迷的上頭"。
工一十二	職烈門院使撒迷承旨	
		元作"識烈門院使,迷撒迷承旨"。
工一十三	索羅言語	元作"孛羅言語"。
新户十	野書牙國公	元作"野里牙國公"。
新禮一	乞合不花	元作"乞台不花"。
新刑卄二	偷盜忽都不下銀合兒等物	
		元作"忽都不丁"。丁爲元時回回人名常用

之尾音，改爲"不下"，莫知爲人名矣。

新刑三八　　該支放鳥馬兒糧中河澗鹽引

元作"放支烏馬兒"，烏馬兒爲回回人常用之名，今誤"烏"爲"鳥"，遂將"放""支"二字倒置，而成"放鳥"矣。

新刑三九　　張答木帖兒等　　元作"帖木答兒"。

其他譌字，音韻相近，衡以譯音無定字之説，本可無妨，然究失名從主人之義，不得謂之非誤。

户八一〇三　　斷事官也里今賫奉中書省劄付

"真"誤爲"今"。

工二十二　　如今交馬合麽丹的提調

"麻"誤爲"麽"。

第三十九　不諳元代官名而誤例

元代官名，可大別爲漢官名、蒙古官名二種，沈刻《元典章》官名之誤，有筆誤者，有故意以習慣官名易之者，初不計元時制度之如何也。

最顯著爲"典吏"改"典史"，元官制有典史，亦有典吏，校者習聞典史，少聞典吏，故奮筆而改之也。

吏二五　　樞密院經歷司典史

左右司典史

隨朝各衙門典史

元均作"典吏"。

吏二三五　　省部臺院典史　　元作"典吏"。此二葉中"典吏"凡三十三處，均誤改爲"典史"。

其次爲"提點"、"提領"改"提調"。元官制有提調，亦有提點、提領，校者習聞清官制中之提調，以提點、提領爲誤而改之也。

户八六　　提調官常切用心巡緝

元作"提點官"。

户八五九　　約會隨處路府州縣提調正官

元作"提點正官"。

新吏十一　　本路行用庫提調

　　　　　　　　　　　元作"提領"。

新吏廿六　　盧江縣務提調　　元作"提領"。

新刑五九　　受提調領周祐等中統鈔

　　　　　　　　　　　"調"字衍。

新刑六十　　取受建昌路在城提調周祐等中統鈔

　　　　　　　　　　　元作"提領"。

其次爲"總把"改"把總"。總把元代官名，把總清代官名，校者習聞清官制中之把總，以總把爲誤倒而乙之也。

吏三三　　　元帥招討總管把總

户四六　　　張把總妻阿李

兵一十　　　除把總百户權准軍役外

兵一十三　　從把總軍官開坐花名

　　　　　　　　　　　元均作"總把"。

其他漢官名之誤者，有如下例：

臺綱二十一　平意明理不花言語奏

　　　　　　　　　　　"平意"元作"平章"。

吏一廿四　　大同農司　　　元作"大司農司"。

吏一三十　　太常奉祀郎　　元作"奉禮郎"。

148

吏一三一	司農郎	元作"司晨郎"。
吏一三九	洪贊司	元作"供帳司"。
吏一四十	簫匠	元作"箭匠"。
吏六三十	前觀農司書吏	元作"勸農司"。
吏六六六	各路典獄轉補州吏	
		"典獄"元作"獄典"。
兵四五	政用院	元作"致用院"。
	官正司	元作"宮正司"。
	各處方户府	元作"万户府"。
刑十五十二	哈剌多事等	元作"都事等"。
刑十九廿三	潭州路榷茶司提舉	
		元作"榷茶同提舉"。
新户廿六	移咨江西榷茶	元作"榷茶"。
新户廿七	各處攢茶提舉司	
		元作"榷茶提舉司"。
新兵二	如今在衛率府	元作"左衛率府"。

至於蒙古官名之誤，則一"扎魯花赤"也，或誤爲"達魯花赤"，或衍"花"字，或漏"忽"字，或誤倒"魯""忽"二字。蓋蒙古官制有達魯花赤，亦有扎

魯忽赤，亦作扎魯花赤。扎魯忽赤，譯言斷事官，達魯花赤，譯言長官，二者職責不同，不容相混，校者不可不一考元時官制也。

臺綱一四	也可薛怯第一日	
		元作"也可怯薛"。
吏一六	海船達魯赤	元作"達魯花赤"。
吏六廿一	知印怯里爲赤	元作"怯里馬赤"。
兵一四	奧魯密知而不舉	
		元作"奧魯官"。
兵一十二	合必必亦拔都兒	
		元作"合必赤拔都兒"。
兵四四	達魯花赤	元作"扎魯花赤"。
刑七十六	就令達魯花赤	元作"扎魯花赤"。
刑七十六	扎魯花忽赤照勘	
		元作"扎魯忽赤"，"花"字衍。
刑十一七	也可札忽魯赤	元作"扎魯忽赤"，"魯""忽"誤倒。

刑十一十一	也可札魯赤	元作"扎魯忽赤",漏"忽"字。
刑十一十一	四薛怯官人每	元作"四怯薛官人每"。
刑十一十七	端闊赤	元作"闊端赤"。
新户五二	告蒙本官首寶赤	元作"昔寶赤"。

第四十　不諳元代物名而誤例

一時代有一時代所用之物,校書者當以某代還之某代,不能以後世不經見,遂謂前代爲無;不能以後世所習見,遂疑前代亦有。況同一物也,異地則異名,異時則異稱。今沈刻《元典章》於元時名物多不措意,兹特分服物、器物、動物三類言之:

目錄六三	黏休畫雲龍犀	"黏"元作"鮎"
	靴韂上休使金	"韂"元亦作"鮎"。
吏一三四	鞋帶斜皮	元作"鞻帶斜皮"。
禮二二	公服俱左經	元作"左紝"。
	偏帶俱係紅鞋	元作"紅鞻"。

| 禮二三 | 帳幕用紗帽 | 元作"紗絹"。|

禮二四　　擬衣檀合罪羅窄衫

　　　　　　　　　　元作"檀合羅窄衫","罪"字衍。

禮二八　　男子裏青巾婦女潵子抹俱要各各常穿裏戴

　　　　　　　　　　元作"男子裏青頭巾,婦女潵抹子,俱要各各常川裏戴"。

兵三三四　畔襖等物　　元作"胖襖"。

刑二十二　冬則給以被絮暖匣

　　　　　　　　　　元作"絮被暖匣"。

右服物之名,或係當時體制,或係當時方言,或係當時譯語,不加校正,義輒難通。

吏一三四　採打碼硇杯材　元作"肧材"。

吏六十四　驗得係鷹翎刀　元作"雁翎刀"。

兵五七　　使又的使綑索拿的

　　　　　　　　　　元作"使叉的,使網索拿的"。

| 刑三廿五 | 偷訖耳剜銀鋜 | 元作"銀剜耳鋜"。

刑四三五 　與佃客趙丑□草其趙丑按前馮三兒茹草不覺將馮三兒左手□折本人因傷身死

　　　　　　　　空處元均作"荊"，"按前"元作"按荊"。荊音札，切草刀也，今通作鍘，廣韻作鏩。

刑四三六 　爲踏碓將捌栲栳壞了

　　　　　　　　元作"柳栲栳"。

刑十一四十 　劫到烏油篋簣一隻出門打開簣內有籐箱一个

　　　　　　　　"簣"元均作"簀"。

刑十九五十 　行用度尺升斗秤等

　　　　　　　　元作"等秤"，"等"今作"戥"。

工二十六 　案衣硯車 　元作"硯卓"。

新戶八 　僞鈔報未成遇革釋放

　　　　　　　　元作"僞鈔板"。

新戶八 　抄造紙壞未曾印造

　　　　　　　　　　元作"紙坏"。

新刑十三　　偷盜本路盛銀印匣

　　　　　　　　　　元作"盛印銀匣"。

新刑八七　　糾集人伴賭博入乂事發到官

　　　　　　　　　　元作"八乂"。

　右器物之名，或誤字，或誤倒，其義頓失。如銀剜耳錕，一物也，誤爲耳剜銀錕，則似二物矣。盛印銀匣，匣銀而印非銀也，誤爲盛銀印匣，則似其印爲銀矣。

目録四二　　禁捕鵰鶻鵝鴇　　"鵰鶻"元作"鶋鶻"。
聖政二卅一　除天鵝鸘䴉外　　"鸘䴉"元作"鸘鶿"。
戶二十一　　應副鷹鶻分例　　"鷹鶻"元作"鷹鵑"。
　　　　　　爲收住兔鶻不還官司

　　　　　　　　　　"兔鶻"元作"兔鵑"。

　　　　　　海青兔鶻　鷹兒鴉鶻

　　　　　　　　　　"鶻"元均作"鵑"。

　右動物之名。元時視鵰鶻、鷹鶻最重，《元典章·兵部五》特列有捕獵專條。鵰鶻亦作鶻鵰，鶋鶻則義不可通。鷹鶻、兔鶻並稱，杜鵑則非其所尚矣。

154

第四十一　不諳元代專名而誤例

一時代有一時代所用之專名，校書者對於本書時代所用之專名，必須有相當之認識，此方言、釋名所由作也。

"腹裏"爲元代專名，謂中書省所統山東西河北之地也。沈刻既誤爲"腸裏"，又誤爲"服裏"：

吏六三　　　腸裏已有貢舉定例

　　　　　　　　　　　　元作"腹裏"。

刑七十六　　服裏犯奸刺配　元作"腹裏"。

"券軍"爲宋元間專名，沈刻輒誤爲"募軍"：

兵一二十　　散漫生熟募軍　元作"券軍"。

　　　　　　另支生募　　　元作"生券"。

兵一廿一　　亡宋臨危之初本爲募軍數少

　　　　　　　　　　　　元作"券軍"。

兵一廿三　　拘刷新附生熟募軍

　　　　　　　　　　　　元作"券軍"。

"投拜户"爲元代專名，沈刻輒誤爲"投祥"，又誤爲"投牌"：

兵一廿九	投祥萬户千户	元作"投拜"。
兵一三十	投牌名户	元作"投拜民户"。
	除稱投祥户	元作"投拜"。
	於投祥户内	元作"投拜"。

"鋪馬"爲元代專名,沈刻或誤爲"補馬":

兵三廿四	降給補馬劄子	元作"鋪馬"。
兵三廿五	照得起補馬聖旨	
		元作"鋪馬"。

"係官公廨"、"係官房舍"爲元代專名,沈刻輒改爲"係是官員房舍",有同蛇足矣。

工二十八	委實係是官員公廨	
		元作"委是係官公廨"。
工二二十	禁賣係是官員房舍	
		元作"禁賣係官房舍"。

其他元代專名,而沈刻誤者有如下例:

目録五九	例鈔多收工墨	元作"倒鈔"。"倒鈔"
		元代專名。
吏一十九	門尉麗正文明順水	
		"順水"元作"順承",

		即今宣武門之舊名也。
吏七四	官員勷政聚會	元作"懃政聚會"。"懃政聚會"爲元代專名。
吏七十	置立未銷文簿本葉四見	元作"朱銷文簿"。"朱銷文簿"爲元代專名。
禮五十六	怯薛第一日嘉惠殿裏	"嘉惠"元作"嘉禧"。"嘉禧殿"爲元代專名。
禮六四	江淮釋教德攝所	元作"總攝所"。"江淮釋教總攝所"爲元代專名。
兵一廿六	別杖兒裏不交入去	元作"別枝兒"。"別枝兒"爲元代專名。
兵三五二	爲並造舍利別勾當	元作"煎造舍里別"。"舍里別"爲元代專

> 名,是葡萄、木瓜、香橙等物所煎造,今改作"並造",又改作"舍利",蓋誤以爲佛家之舍利也。

刑十九四七　其黨則有曰張公曰昭身

> "昭身"元作"貼身"。"貼身"爲元代專名,蓋騙局之一種也。

第四十二　不諳元時體制而誤例

元制,番直宿衛之軍,謂之"怯薛",以大臣領之,每三日而一更,故有怯薛第一日,怯薛第二日,怯薛第三日之稱。

吏二九　　失烈門怯薛第二者

> 元作"第二日",校者不知"怯薛"之義,故誤"第二日"爲"第二者"。

元制，皇帝聖旨稱"欽此"，皇太后懿旨及太子令旨稱"敬此"：

吏二九　　奉令旨那般者欽此

　　　　　　　　　元作"敬此"。

禮六二　　麼道令旨了也欽此

　　　　　　　　　元作"敬此"。

兵三廿八　　令旨那般者欽此

　　　　　　　　　應作"敬此"。元本亦誤。

刑十五四五　麼道懿旨了也敬此欽此

　　　　　　　　　"欽此"二字衍。

元時謂祭天祭神等日爲聖節：

户七十七　　多破官錢違錯聖旨

　　　　　　　　　元作"聖節"。

元制，以每月朔望二弦爲禁刑日，又謂之四齋日，凡有生之物，殺者禁之：

刑十九二　　禁刑日每月初二初八十五二十五

　　　　　　　　　"初二"應作"初一"，
　　　　　　　　　"二十五"應作"二十

		三",元刻亦誤作"初二",惟沈刻新集刑部八十九葉雜禁類不誤,可參證。
刑十九廿七	每月四齊日	元作"四齋日"。"齋""齊"本通,然元本作"齋日",今改作"四齊",是誤字,非古訓。

元制,笞杖以七爲度,未有言五者:

刑十一三三　一貫該杖六十五下加一等

"五下"元作"五貫"。杖六十五,非元制,元作"一貫杖六十,五貫加一等","該"字衍。

又元制,笞杖舉成數者不稱"下",如"笞五十"、"杖六十"是也。其稱"下"者必爲單數之七,如"笞五十七下"、"杖六十七下"是也,全部《元典章》皆如此,《元史·刑法志》悉將"下"字删去,史家省文,當時公牘不如是。

| 户八四四 | 笞五十下 | 元作"五十七下"。 |
| 刑六二 | 各擬五十下 | 元作"五十七下"。既言"下"，必言"七"，其不言"七"者，非脱"七"字，即衍"下"字也。 |

又元制，笞杖始於七，止於百七：

| 朝綱一五 | 諸杖罪一百七十以下 | "十"字衍。 |
| 刑四廿九 | 部擬杖一百十七 | 元作"一百七下"。既止於百七，則安有百十七、百七十者，其爲誤顯然。 |

元制，京府州縣官員，每日早聚圓坐，參議公事，理會詞訟，謂之圓坐署事，其所議謂之圓議，其所簽押謂之圓簽，謂之圓押，頗似近時所稱之圓桌會議。今沈刻《元典章》"圓"多誤"圖"，又誤"原"，又誤"元"，不譜元時圓議之制也。

| 吏七三 | 須要公廳圖押 | 元作"圓押"。本條數見

| 吏七四 | 凡行文書圖押 | 元作"圓押"。

須要圖書圖押　"圖"元均作"圓"。

| 兵一三 | 令各奕圖議立法鈐束

"圖議"元作"圓議"。

| 工一十一 | 都省原議得事內一件

"原議"元作"圓議"。

| 新刑五三 | 本路官員元籤認狀

元作"本路官吏圓籤認狀"。

又元制，犯人口供，謂之招伏，亦謂之狀招，無稱"招狀"及"狀伏"者。沈刻"狀招"有時訛爲"招伏"，猶是元制，至於"招狀"、"狀伏"，元時實無此稱，不得以其形似義通，遽行改易也。

| 刑十一廿二 | 陳四黃千二名招伏

元作"各狀招"。

| 刑十六十二 | 周耽公等三家招伏

元作"狀招"。

| 吏四九 | 取訖明白招狀

162

户四十	取訖本人招狀	
刑一七	取責明白招狀	"招狀"元均作"招伏"。
刑十六十三	亦無取到狀伏	
新刑卄八	取訖狀伏	"狀伏"元均作"招伏"。

卷 六

校 例

第四十三　校法四例

昔人所用校書之法不一，今校《元典章》所用者四端：一爲對校法。即以同書之祖本或別本對讀，遇不同之處，則注於其旁。劉向《別錄》所謂"一人持本，一人讀書，若怨家相對者"，即此法也。此法最簡便，最穩當，純屬機械法。其主旨在校異同，不校是非，故其短處在不負責任，雖祖本或別本有訛，亦照式錄之；而其長處則在不參己見，得此校本，可知祖本或別本之本來面目。故凡校一書，必須先用對校法，然後再用其他校法。

有非對校決不知其誤者，以其文義表面上無誤可疑也。

卷菜

吏三十六　　元關本錢二十定

户六二　　　花銀每兩出庫價鈔二兩五錢
　　　　　　　　　　元作"二兩五分"。
户八十八　　博換到茶貨共一百三十斤
　　　　　　　　　　元作"二百三十斤"。
户八八六　　一契約取四十五定
　　　　　　　　　　元作"四五十定"。
兵三廿六　　小鋪馬日差二三匹
　　　　　　　　　　元作"三二十匹"。
刑一五　　　延祐四年正月　元作"閏正月"。
刑一七　　　大德三年三月　元作"五月"。
有知其誤，非對校無以知爲何誤者：
吏七九　　　常事五日程中事十日程大事十日程
　　　　　　　　　　元作"中事七日程"。
户七十二　　每月五十五日　元作"每五月十五日"。
兵三七　　　該六十二日奏　元作"六月十二日奏"。
新刑三四　　案牘都目各決一十七下司吏決一十七下
　　　　　　　　　　元作"司吏決二十
　　　　　　　　　　七下"。

二爲本校法。本校法者，以本書前後互證，而抉摘其異同，則知其中之繆誤。吳縝之《新唐書糾繆》，汪輝祖之《元史本證》，即用此法。此法於未得祖本或別本以前，最宜用之。予於《元典章》曾以綱目校目錄，以目錄校書，以書校表，以正集校新集，得其節目訛誤者若干條。至於字句之間，則循覽上下文義，近而數葉，遠而數卷，屬詞比事，牴牾自見，不必盡據異本也。

  吏六四十　　未滿九個月不許預告遷轉

         上下文均作"九十個月"。

  户十二十三　　裏河千里百斤　上下文均作"千斤百里"。

  刑七十四　　犯姦放火大德五年

         目作"至元五年"。

     犯姦休和理斷大德六年

         目作"至元六年"。

  刑七十五　　容姦受錢追給大德八年

         目作"至元八年"。按編纂次第，均應以目

爲正。

刑八二　　取受枉法二十貫以上至三十貫七十七下三十貫以上至一百貫八十七下

　　　　　據表"三十"均應作"五十"。

三爲他校法。他校法者，以他書校本書。凡其書有采自前人者，可以前人之書校之，有爲後人所引用者，可以後人之書校之，其史料有爲同時之書所並載者，可以同時之書校之。此等校法，範圍較廣，用力較勞，而有時非此不能證明其訛誤。丁國鈞之《晉書》校文，岑刻之《舊唐書》校勘記，皆此法也。

吏一廿七　　蕁麻林納尖尖　　元刻亦作"納尖尖"。

吏一三四　　蕁麻林納失失　　元刻亦作"納失失"。

欲證明此"納尖尖"、"納失失"之是非，用對校法不能，因沈刻與元刻無異也。用本校法亦不能，因全部《元典章》關於"納失失"、"納尖尖"止此二條也。則不能不求諸《元典章》以外之書。《元史》卷七七《祭祀志》國俗舊禮條："輿車用白氊青緣，納失失爲簾，覆棺亦以納失失爲之。"卷七八《輿服志》冕服條："玉環綬，制以納石失。"注："金錦也。"又："履，制以納右失。"《輿服志》中"納石失"之名凡數見，則《元典章》"納失失"之名不誤，而"納尖尖"之名爲元刻與沈刻所同誤也。

戶九十二　　五月二月以鈎杙壓下枝著地

元作"正月二月"。

此引《齊民要術》卷五語也，可以《齊民要術》證之。

禮三十一　　始死如有窮　　元作"始死充於有窮"。

此引《禮記·檀弓上》之文也，今《檀弓》作"始死充充如有窮"，則沈刻、元刻皆誤也。

刑十九十六　　木忽回回每　　元刻亦作"木忽"。

新戶三五　　回回也里可温竹忽答失蠻

元本同。

一"木忽"，一"竹忽"，必有一誤。《元史》卷三三《文宗紀》："天曆二年三月，詔僧、道、也里可温、朮忽、答失蠻爲商者，仍舊制納税。"卷四三《順帝紀》："至正十四年五月，募各處回回、朮忽殷富者赴京師從軍。"則"木忽"當作"朮忽"，而沈刻與元刻皆誤也。又《元史》卷四十《順帝紀》:"至元六年十一月,監察御史世圖爾言:禁答失蠻、回回、主吾人等叔伯爲婚姻。"楊瑀《山居新話》載:"杭州砂糖局糖官,皆主鶻、回回富商。"主吾、主鶻,更可以證"木忽"之誤。

四爲理校法。段玉裁曰:"校書之難,非照本改字不譌不漏之難,定其是非之難。"所謂理校法也。遇無古本可據,或數本互異,而無所適從之時,則須用此法。此法須通識爲之,否則鹵莽滅裂,以不誤爲誤,而糾紛愈甚矣。故最高妙者此法,最危險者亦此法。昔錢竹汀先生讀《後漢書》郭太傳,太至南州過袁奉高一段,疑其詞句不倫,舉出四證,後得閩嘉靖本,乃知此七十四字爲章懷注引謝承書之文,諸本皆傻入正文,惟閩本獨不失其舊。今《廿二史考異》中所謂某當作某者,後得古本證之,往往良是,始服先生之精思爲不可及。經學中之王、段,亦庶幾焉。若《元典章》之理校法,祇敢用之於最顯然易見之錯誤而已,非有確證,不敢藉口理校而憑臆見也。

吏五四　　合無滅半支俸　"滅半"當作"減半"。

| 吏六三七 | 年高不任部書願不轉部者 |

"部書"當作"簿書"。

| 吏八十六 | 也可扎忽赤 |

當作"扎魯忽赤",元本亦漏。

| 戶五三一 | 亡宋淳佑元年 |

"淳佑"當作"淳祐"。

| 戶六二 | 赤銀每兩入庫價鈔一十四兩八錢 |

"赤銀"當作"赤金"。

| 戶八一〇一 | 押運犛耳七百兩經由施仁門入城 |

"兩"當作"而"。

| 兵三十四 | 官人每根底要肚及 |

"肚及"當作"肚皮"。

| 刑一四 | 江西省行准中書省咨 |

"省行"當作"行省"。

| 刑十九四五 | 拜征怯薛第三日 |

"拜征"當作"拜住",元本亦誤。

第四十四　元本誤字經沈刻改正者不校例

有元本錯誤,經沈刻改正者,不復回改,而著其例於此：

詔令一㈣　　逮我憲宗之世　元作"邀我"。

　　　　　　願奉歲幣於我　元作"歲弊"。

聖政一㈠　　頒行科舉條例　元作"須行"。

聖政二㈩㈣　並前代名人遺迹不許毀拆

　　　　　　　　　　　　元作"各人"。

吏三㈩三　　非惟煩瀆上聽　元作"非推"。

吏三㈡㈩　　用印封鈐　　　元作"封鈴"。

吏三㈩㈤　　事涉太重　　　元作"事陟"。

吏六㈢㈣　　間或司官精力不逮

　　　　　　　　　　　　元作"積力"。

吏六㈢㈤　　遴選行止廉慎才堪風憲之人

　　　　　　　　　　　　元作"廉填"。

戶四㈢　　　下戶不過二味　元作"三味"。

戶六㈢㈩　　又不用心鈐束　元作"鈴束"。

戶八㈡㈩　　不得攪擾沮壞　元作"沮懷"。

戶十八　　　欽奉聖旨內一款

　　　　　　　　　　　　元作"一飲"。

禮三㈩二　　斬衰齊衰以至緦功

		元作"斬喪齊喪"。
禮三十四	不得教傅瓦蓋房舍	
		元作"傅瓦"。
禮三十五	備存珍寶	元作"殄寶"。
禮三十六	據紙糊房子金銀人馬	
		元作"紙湖"。
兵一四二	據呈復湖州萬户府各狀申	
		元作"郢復"。
兵三廿二	在後簪戴道冠	元作"簪載"。
刑一一	實以圜土	元作"圈土"。
刑二二	照得鞫獄之具	元作"鞠獄"。
刑二五	議得訊囚之法	元作"訊因"。
刑二六	必須圓坐	元作"員坐"。
刑二十七	鞫獄	元作"鞠獄"。
刑五六	畏避引匿	元作"引惹"。
刑十一四八	拘鈐不令離境	元作"拘鈴"。
新朝綱一	冗微細事動輒宣示中外	
		元作"冗徵"、"宗示"。
新吏廿二	不公不法不止一端	

　　　　　　　　　　　元作"一瑞"。

右形近而誤。

詔令一四　屢拒王師　　元作"旅拒"。

詔令一五　宋母后幼主洎諸大臣百官

　　　　　　　　　　　元作"送母后"。

吏五二　　達魯花赤所授宣勑

　　　　　　　　　　　元作"宣赤"。

聖政二五　全行蠲免　盡行蠲免

　　　　　　　　　　　元作"倚免"。_{前後均作"蠲"。}

右聲近而誤。"蠲"與"倚"聲不相近，其所以誤爲"倚"者，疑當時讀"蠲"爲"益"也。

戶十一八　休使氣力欺負者

　　　　　　　　　　　元作"体使"。

兵二十二　奉中書省劄付　元作"礼付"。_{應作"札付"。}

刑十五十三　如此不惟政教休明

　　　　　　　　　　　元作"体明"。

刑十八七　如今體著在先聖旨體例

　　　　　　　　　　　元作"休著"。

右因簡筆字而誤。

兵五七　　我的兄弟鳥馬兒

　　　　　　　　　　　元作"鳥馬兒"。

兵五七　　又不忽木　　元作"不忽朮"。

刑十五二　監察御史忻都將仕呈

　　　　　　　　　　　元作"折都"。

右人名誤。

吏一三二　醴陵州　　　元作"醲陵"。

吏一三三　束鹿縣　　　元作"東鹿"。

吏五一　　大都順天益都淄萊等路

　　　　　　　　　　　元作"緇萊"。

戶四十五　搬移前去溧陽州住

　　　　　　　　　　　元作"漂陽"。

戶八六十　就咨四川省照會

　　　　　　　　　　　元作"西川"。

戶十二　　押糧官賫赴直沽等處

　　　　　　　　　　　元作"直活"。

刑三三十　常澧辰沅歸峽等處

　　　　　　　　　　　　　　　元作"辰阮"。

刑七十　　　濟寧府鄆城縣申

　　　　　　　　　　　　　　　元作"鄆城"。鄆城今歸德。

刑十九四九　順天路束鹿縣　　元作"東鹿"。
新户十一　　今溧水州申報　　元作"漂水"。
　右地名誤。

吏一五　　　上路總管府達魯花赤

　　　　　　　　　　　　　　　元作"總府府"。

吏一廿五　　大都醴泉倉大使

　　　　　　　　　　　　　　　元作"醲泉"。

吏一廿七　　醴泉倉副　　　　元作"醲泉"。
吏六五十　　首領管勾提控扎曳人等

　　　　　　　　　　　　　　　元作"官勾"。

吏六五一　　劄付吏部與集賢翰林國史院

　　　　　　　　　　　　　　　元作"集資"。

户十一二　　金銀鐵冶户另行外

　　　　　　　　　　　　　　　元作"鐵治"。

户十二三　　各站正站户　　　元作"貼户"。

兵三九　　　全藉錢馬走遞幹辦

　　　　　　　　　　　　元作"幹辨"。"藉"亦

　　　　　　　　　　　　誤作"籍"。

兵四五　　　鐵冶提舉司　　元作"鐵治"。

刑十九四五　大司農司呈　　元作"大司農同呈"。

右官名誤。

第四十五　元本借用字不校例

元刻《元典章》遇筆畫繁復之常用字，每借用筆畫簡單之同音字以代之，沈刻有改正者，有未改正而意義無妨者，今均不復校改，而著其例於此：

戶四三四　　蕭玉哥凡三見

兵一廿一　　招討蕭天祐

刑十一三四　蕭仁壽　蕭得三

刑十六十二　蕭新等名下　　"蕭"元均作"肖"。

戶四三六　　傅望伯凡四見

戶四三九　　傅伯川凡三見　"傅"元均作"付"。

戶七十六　　釐毫絲忽　　　"毫"元作"毛"，"絲"

　　　　　　　　　　　　　元作"系"。

　　　　　　五毫收作一釐五毫以下

戶七十七　　五毫以下削而不用凡二見

　　　　　　　　　"毫"元均作"毛"。

戶七二十　　六分二釐五毫凡數見

　　　　　　　　　"釐"元作"乙",
　　　　　　　　　"毫"元作"毛"。

戶十一一　　並絲料糧稅等差發

　　　　　　　　　"絲"元作"系"。

戶二十七　　榆林驛申凡二見

　　　　　　　　　"榆"元作"余"。

刑一八　　　強竊盜賊
刑八七　　　竊見隨處貪官污吏

　　　　　　　　　"竊"元均作"切"。

刑三二　　　纔將王猪僧殯葬了
刑三六　　　纔聞訃音　"纔"元均作"才"。

亦有不知爲借用字而誤改者：
聖政一一　　金場艮冶茶鹽鐵戶

　　　　　　　　元作"艮冶", 借
　　　　　　　　"艮"爲"銀"也。校

		者習記"良弓、良冶"之詞,而遂改爲"良冶"矣。
吏二十二	庶凡遷法有守	元作"庶幾",借"几"爲"幾"也。不知爲"幾",而誤改爲"凡"矣。
吏六五	共印造到凡貫伯文	元作"幾貫伯文",抄者簡寫爲"几",沈刻遂誤改爲"凡"矣。
兵三五五	却用甚字凡號	元作"幾號"。
禮三十五	坊見江南流俗	元作"切見",借"切"爲"竊"也。不知爲"竊",而誤改爲"坊"矣。
禮六六	三十多人	元作"三十余人",借"余"爲"餘"也。不知爲"餘",而誤改爲

		"多"矣。
禮六十五	十多年後	元作"十余年後",亦借"余"爲"餘",不知而誤改爲"多"也。
兵三三九	長行馬疋料各	元作"料谷",借"谷"爲"穀"也。不知爲"穀",而誤寫爲"各"矣。

第四十六　元本通用字不校例

始予之校《元典章》也,見"札"作"劄","教"作"交","應副"作"應付",以爲元代用字與今不同也,後發見元刻本本身亦前後互異,乃知此非元代用字與今不同,實當時之二字通用。沈刻校改,固爲多事,即今回改,亦屬徒勞,間改一二,以見其例。

"教""交"通用:

吏四八	無關的根底教等一年	此葉凡七見
兵三三五	休教奏者	元均作"交"。
刑一六	再交監察重審	

| 新工一 | 都交大如文廟 | 元均作"教"。 |

"札""剳"通用：

刑九九	承奉中書省剳付	
新户二	宜從都省剳付	元均作"札"。
刑十五四	承奉福建行省札付	
刑十五十五	奉中書省札	元均作"剳"。

"呈""承"通用：

吏五十七	御史臺呈奉中書省剳付	
吏六四十	呈奉中書省剳付	同葉又作"承奉"
户二十二	呈奉中書省剳付	
		元均作"承奉"。
户三十六	承奉省剳	
户四十八	禮部承奉省判	元均作"呈奉"。

"整""拯"通用：

吏三七	凡事從新整治	
新吏二	若不整治呵	
新户十八	整治鹽法	
新户廿三	整治茶課	
新户五二	整治賊盜	元均作"拯治"。

户八三五　　從新禁治

刑十四七　　若不嚴切禁治呵

新刑三八　　若不嚴切懲治呵

　　　　　　　　　　　元均作"整治"。

"格""革"通用：

刑八十七　　司吏犯贓經革告紏

　　　　　　　　　　　元作"經格"。

刑十一廿六　遇革免徵陪贓　元作"遇格"。

刑十六十四　格前雖無取到招伏

　　　　　　　　　　　元作"革前"。

新户十六　　格前招伏　　元作"革前"。

"您""恁"通用。"您""恁"二字，音義皆殊，與其謂之通用，毋寧謂元時板刻，恒將"恁"字作"您"字也。

吏三十二　　恁説是　　　元作"您説是"。

户十十四　　恁衆和尚每　元作"您衆和尚每"。

刑八廿四　　您説的是　　元作"恁説的是"。

新朝綱四　　您省官每根底説

　　　　　　　　　　　元作"恁省官每"。

"駈""軀"通用：

目録五三　　驗奴就斷與頭□的主人

　　　　　　　　　　　　元作"駈奴"。

臺綱一七　　或誘説良人爲駈

　　　　　　　　　　　　元作"爲駈"。

刑四三　　　係陳玉駈　　元作"軀"。

刑八五　　　親隨駈□人等在逃

　　　　　　　　　　　　元作"駈□"。

兵一三一　　分戍江南全籍各家駈丁

　　　　　　　　　　　　元作"駈丁"。

刑六五　　　及令駈驢兒等　元作"軀"。

刑十八四　　元有駈□　　元作"駈□"。

"疋""匹"通用：

聖政一卅二　縱令頭目損壞田禾

　　　　　　　　　　　　元作"頭疋"。

新刑七八　　頭匹　　　　元作"頭疋"。

兵三卅七　　小鋪馬匹每不過十三日

　　　　　　　　　　　"匹每"元作"每匹"。

"翼""奕"通用：

新吏廿一	各翼首領官吏	元作"各奕"。
新兵六	與右手翼分千戶百戶	
		元作"奕"。本葉"奕""翼"互用。
新兵八	各衛翼軍官	元作"衛奕"。
新刑廿五	轉發鎮江翊	元作"鎮江翼"。本葉凡二見。

"杖""仗"通用：

| 新刑十 | 持杖 不持杖 | 元均作"持仗"。 |
| 新刑四三 | 各持器械 | 元作"器杖"。 |

"卓""棹"通用：

工二十六	公用棹床薦席	元作"卓床"。
工二十八	一牀一棹	元作"一床一卓"。
禮三三	粧簇按酒二三十棹	
		元作"三二十棹"。"棹"字本後起，據此則元時已通用。

"毆""歐"通用：

| 刑二十一 | 毆詈 | 元作"歐詈"。本葉凡 |

　　　　　　　　　　二見。

刑六二　　　將和你赤馬疋奪了歐打

　　　　　　　　　　　元作"毆打"。

"駮""駁"通用：

聖政二十六　減駮拖欠　　元作"減駁"。

吏五廿三　　必須駮問　　元作"駁問"。

"礙""碍"通用：

吏六廿四　　來往勾當裏窒有礙

　　　　　　　　　　　元作"窒碍有"。

刑十九廿三　有無違害　　元作"違礙"。

"只""止"通用：

吏八十一　　止以言語省會施行

　　　　　　　　　　　元作"只以"。

户八五三　　幾合休教攙越資次

　　　　　　　　　　　元作"只合"。

兵三二　　　正要出備錢物　元作"止要"。

"後""后"通用：

禮六十二　　建寧路後山　　元作"后山"。

兵一十五　　今頒降條畫於後

184

刑十九五五　逐一區處於咨請依上施行

　　　　　　　元作"于后"。

　　　　　　　"於"下元有"后"字。

刑一六　　　今后遇有須合申明裁決事理

　　　　　　　元作"今後"。

"應付"與"應副"通用：

兵三九　　　百姓亦不得應副這般

　　　　　　　元作"應付"。

刑六八　　　依上應付去訖　元作"應副"。本葉凡三見

"駙馬"與"附馬"通用：

吏三十六　　諸王公主駙馬　元作"附馬"。

戶三十一　　愛不花駙馬位下

　　　　　　　元作"附馬"。

戶九十三　　諸王附馬的伴當

　　　　　　　元作"駙馬"。

"守制"與"守志"通用：

戶四卄二　　夫亡服闋守制

　　　　自願守制歸宗者聽

戶四三八　　聽從歸宗守制　　元均作"守志"。

禮六十七　　夫亡守志　　　　元作"守制"。

第四十七　通用字元本不用例

有字本通用,《元典章》只用其一,沈刻輒以通用字易之,雖於本義無殊,或更比本義爲優,然究掩本來面目,爲研究元代文字學者增一重障礙。盡行回改,不勝其繁,間改一二,以見當時習慣,並著其例於此。

"嫻習""閒暇"必用"閑":

目錄五八　　閒居官與百姓爭訟

　　　　　　　　　　　　　　元作"閑居"。

吏五十七　　或不問官事　　元作"不閑"。

戶五十四　　至今荒閒　　　元作"荒閑"。

戶七廿三　　因病告閒　　　元作"告閑"。

禮五十五　　前後閒忙　　　元作"閑忙"。本葉凡二見。

兵一三　　　閒吃着俸錢　　元作"閑喫"。

新兵七	退閒首領官吏	元作"退閑"。本葉凡三見。
新刑廿七	革閒弓手	元作"革閑"。
新刑四三	不許閒雜人登場	元作"閑雜"。

"扳援"必用"攀":

目錄五八	枉禁賊扳上盜	"扳"元作"攀"。
刑二十一	扳連干證之人	元作"攀連"。
刑三十三	時常指扳	元作"指攀"。
刑八二十	妄稱扳指	元作"攀指"。
刑十十四	或妄扳本官眷屬	元作"妄攀"。
新刑十五	將冬字廠短窗扳下	元作"攀下"。

《元典章》例用簡筆字,"攀""扳"繁簡懸殊,而《元典章》必用"攀",可見"扳"字當時並不通用。

"騷擾"必用"搔":

目錄三八	禁起軍官騷擾
吏五一	騷擾不安

兵三二	百般騷擾	
兵三五四	提點官非理騷擾	
		元均作"搔擾"。

"疏放"必用"疎":

聖政二三十	儘行疏放者	元作"疎放"。
新戶廿一	疏放原籍財産	元作"疎放元藉"。
新刑七	例應釋放	元作"疎放"。

"資財"必用"貲":

吏三廿一	或挾多資	元作"多貲"。
刑四十六	充塋葬之資	"資"元作"貲"。

"價值"必用"直":

戶七三三	估體時值	元作"時直"。
戶八四	發賣價值	元作"價直"。
戶十二六	將物估體實值	元作"實直"。

"女壻"必用"婿":

戶四四	女婿	元作"壻"。本葉凡四見。
禮三二	壻家設位於室中	
		元作"壻"。"壻"均作

　　　　　　　　　　　　"婿",數見。

"揚州"必用"楊":

兵一四二　　照得揚州省札付

　　　　　　　　　　元作"楊州"。本葉二見。

刑四五　　揚州路申　　元作"楊州"。

"城郭"必用"廓":

禮一十　　出郭迎接　　元作"出廓"。本葉凡四見。

禮三十七　　附郭僧寺　　元作"附廓"。

工二四　　隨路州縣城郭周圍

　　　　　　　　　　元作"城廓"。

新禮一　　欽送出郭　　元作"出廓"。本葉二見。

"木棉"必用"綿":

戶七廿六　　其餘木棉土布　　元作"木綿"。

戶八一〇三　　折收到木帛布七千疋

　　　　　　　　　　元作"木綿"。本葉二見。

第四十八　從錯簡知沈刻所本不同例

沈跋云："此本紙色分新舊，舊者每半葉十五行，當是影鈔元刻本，新者每半葉十行，當是補鈔者。"今從錯簡及脫文中，考其行款，有與元刻本同者，有與半葉十行本同者。元刻本每半葉十八行，沈跋云十五行者，或另一鈔本，非余所見之元刻本也。

今録其行款與元刻本同者如左：

吏一十　　背四行"正五品"以後，錯簡十八行，適爲元刻之半葉。

户八六四　三行"宜准"以後錯簡，適爲元刻之一葉盡處。

户八八一　十三行"不盡"以後錯簡，適爲元刻之一葉盡處。

户九卅一　背八行"申到"以下，脫今本廿三行，適爲元刻半葉之十八行。

又録其行款與半葉十行本同者如左：

吏六卅二　七行後脫五行，彭本、方本同。

户六十　　四行後脫十行，適爲彭本、方本之

	半葉。
户六十二	背一行"者麽道"下,"致有"上,脱二十行,適爲彭本、方本之一葉。
兵三十	背五行"省咨"以下錯簡,適爲彭本、方本之兩葉互錯。
兵三五四	背六行"一提"以下錯簡,適爲彭本、方本之五葉互錯。
工二十三	背二行"事承"以下錯簡,適爲彭本、方本之一葉。

第四十九　從年月日之增入疑沈刻別有所本例

《元典章》每條起處,多冠年月日,亦有有年無月,或有月無日者。沈刻自《刑部》卷十一第三十八葉起,至《工部》卷末止,每有增入年月日,爲元刻及他本所無。此非能虛構者,疑必有所本也,其所本爲何,今不可知。據日本近日影印《永樂大典》站赤九引《元典章》,有與今元刻不盡同者,則當時另有第二刻本,亦未可定。即無第二刻本,然與《元典章》同時及後出之官書,如《大元通制》、《至正條格》等,均可據以校補。

今故宮元刻本時見有墨筆添入之字，當即此類。則沈刻祖本之曾經據他書校補，自有可能也。

刑十一三八　延祐二年十一月二十一日

　　　　　　　　　　　　元作"延祐三年"，目錄亦作"延祐三年"，惟"二十一日"四字，他本無。

刑十一四二　十一月二十四日

　　　　　　　　　　　　"二十四日"四个字，他本無。

刑十二六　　三月二十五日　"二十五日"四字，他本無。

刑十三九　　五月二十五日　"二十五日"四字，他本無。

刑十四三　　至元十五年月日

　　　　　　　　　　　　七字他本無。

刑十四三　　至元八年四月二十六日

　　　　　　　　　　　　十个字，他本無。

刑十四四　　至元八年三月二十一日

			元作"至元五年六月二十五日"。
刑十五	四	五月二十四日	"二十四日"四个字,他本無。
刑十六	三	至元八年六月二十三日	十个字,他本無。
刑十七	三	十月初九日	"初九日"三字,他本無。
刑十八	四	十一月二十七日	他本只有"月"字,餘字均無。
刑十八	六	八月二十六日	"二十六日"四字,他本無。
刑十九	十七	至元十三年十二月十八日	十一字,他本無,但目録亦作"至元十三年"。
刑十九	三九	至元六年月日	六个字,他本無,但目録亦作"至元六年"。

工一三　　三月十五日　　五个字，他本無。

工一五　　至元十年月日　六字他本無。

工二二　　十月初五日　　"初五日"三字，他本無。

工三一　　六月二十六日　"二十六日"四字，他本無。

工三一　　十一月二十八日

　　　　　　　　　　　　他本作"十月十八日"。

惟《元典章》卷首目錄每條下亦注年分，今沈刻所增年分，有與目錄符者，有與目錄不符者，且有與本條下文矛盾者，其所增又似不盡足據，此節須待將來之發見。

刑十六三　至元二十四年二月日

　　　　　　　　　　　　九字他本無，下文作"至元二十三年"，目錄亦作"至元二十三年"。

刑十六三五　至大元年十二月二十一日

　　　　　　　　　　　　十一个字，他本無，目錄作"大德二年"。

刑十九三　　至元三十一年十一月十六日

　　　　　　　　　　元作"至元三十年"，目錄亦作"至元三十年"，惟"十六日"三字，他本無。

刑十九三四　大德十一年十一月二十一日

　　　　　　　　　　元只作"大德十年月日"，餘字均無，目錄亦作"大德十年"。

刑十九四十　至元九年十月初六日

　　　　　　　　　　九个字，他本無，目錄作"大德二年"。

工一十三　　至元二十三年三月二十五日

　　　　　　　　　　元作"至元二十二年"，目錄亦作"至元二十二年"，惟"二十五日"四字，他本無。

工二六　　　至元二十年十一月二十六日

　　　　　　　　　　十二字，他本無，下

　　　　　　　　　　文脱"至元二十九年"
　　　　　　　　　　六字，目録亦作"至
　　　　　　　　　　元二十九年"。

第五十　一字之誤關係全書例

有一字之誤關係全書者：

新綱目一　　頒行四方已有年矣

　　　　　　　　　　"頒行"元作"板行"。

"板行"之義，與下文"梓行"同。據此一字，知此書是當時地方官吏所纂，非中央政府所頒，無怪乎《四庫提要》疑其始末不載於《元史》也。今改曰"頒行四方"，則此書是當時中央政府所頒矣，然何以解於《元史》不載也。

又此書新集目録之末，有"至治二年六月"字樣，謂此書之編纂止於至治二年六月也。然沈跋據新集中有至治三年事例，證明其不止於二年，亦據誤本而誤也。

新刑廿五　　至治三年　　元作"二年"，目録亦
　　　　　　　　　　作"二年"。

新刑六二　　至治三年　　　元作"二年"，目錄亦作"二年"。三年與二年，一字之誤也。

又此書正集綱目於元仁宗之"仁"字，元刻作一墨方，知此書開雕時，仁宗廟號尚未頒行。後人欲補入"仁"字，應於墨方之下注明"當是仁字"，不當逕將墨方改成"仁"字也，今沈刻昧乎此。

綱目一　　仁宗皇帝　　元作"■宗皇帝"。

此皆一字之微，關係本書編纂及雕刻之年代，並發行主體，不得輕心從事者也。

重印後記

  《校勘學釋例》本名《元典章校補釋例》。余昔爲同學講校勘學，要舉例説明，欲廣引群書，則檢對不易，欲單引一書，則例子不多。例子多就是錯誤多，錯誤多未必是好書，未必是重要的書，要找一本好而又重要又錯誤多的書，莫如沈刻《元典章》。

  《元典章》係一部内容豐富而又極通俗的書，通俗的書難得板本好、寫刻精，沈刻《元典章》不然，寫刻極精，校對極差，錯漏極多，最合適爲校勘學的反面教材，一展卷而錯誤諸例悉備矣。同人以爲便於初學，因特重印以廣其傳。

一九五九年五月　陳垣

圖書在版編目(CIP)數據

校勘學釋例/陳垣撰.—上海:上海書店出版社,
2023.8（2025.5 重印）
(陳垣著作集)
ISBN 978-7-5458-2261-8

Ⅰ.①校… Ⅱ.①陳… Ⅲ.①校勘學 Ⅳ.
①G256.3

中國國家版本館CIP數據核字(2023)第048501號

責任編輯 顧　佳
封面設計 汪　昊

陳垣著作集

校勘學釋例

陳垣　撰

出　　版	上海書店出版社
	（201101　上海市閔行區號景路159弄C座）
發　　行	上海人民出版社發行中心
印　　刷	蘇州市越洋印刷有限公司
開　　本	889×1194　1/32
印　　張	7.25
字　　數	85,000
版　　次	2023年8月第1版
印　　次	2025年5月第2次印刷

ISBN 978-7-5458-2261-8/G.182
定　　價　58.00元